叢書・ウニベルシタス　965

哲学者の使命と責任

ジャンニ・ヴァッティモ
上村忠男 訳

法政大学出版局

哲学者の使命と責任◉目次

哲学と科学　1

哲学、歴史、文学　39

目　次

凡例

一、原文中、イタリック体の部分には傍点を付した。

一、原文中、《　》で括られている語句ないし引用文にはカギ括弧「　」を用いた。

一、原文中、大文字で始まっていたり、ハイフン‐で連結されている専門的術語には〈　〉を用いた。

一、原語の意味に両義性が認められる場合にはスラッシュ／を用いた。

一、引用文中のブラケット［　］の部分は著者による補足である。

一、〔　〕の部分は訳者による補足である。

一、（1）（2）などとあるのは原注、＊印や＊＊印の箇所は訳注である。

哲学と科学

Filosofia e scienza

1　カント以後、ヘーゲル以後

最初にはっきりさせておきたいのは、わたしは哲学が科学の助手としての地位にあるとは考えていないし、哲学と科学（自然科学であろうと精密科学であろうと精神科学であろうと）のあいだになんらかの特権的な結びつきがあるとも考えていないということである。それどころか、端的にいって、わたしは哲学が科学であると思わない。少なくとも、「科学」という言葉をわたしたちが日常的に口にするさいに思い描いている意味ではそうである。

もし科学というのが事物を知る行為のことであるとすれば、科学もまた哲学であるのは言うまでもない。しかし、科学ということで言おうとしているのがあらかじめ定められたもろもろの方法からなる知であり、累積可能な成果と反復可能な実験をともなった知だとしたらどうか。とりわけ、マニュアルにしたがって達成されるたぐいの知であり、制度化された知であるとしたら。そのときには、そのような科学の概念に哲学を接近させることに、わたしは多くの疑問をいだいている。

哲学の歴史については科学性を云々できるのかもしれない。哲学の歴史も事物の歴史であるかぎり、多かれ少なかれ客観的な参照点をもっているからである。だれかがカントの思想についての本を書くとしよう。その場合、もし一定量の基礎データ、たとえば原典や二次文献についての知識があるなら、その真偽を検証することはできる。だが、カントが書いていたのはほかでもない『純粋理性批判』という本なのであった。とすれば、それがはたして「科学」かどうかを決めるのはむずかしいと言わざるをえないだろう。カントにとっては、科学性を問題にするということは境界画定の要求と等価であった。「科学的なもの」とはなんであり、「科学的でないもの」とはなんであるのか、その意味について定義をあたえることをこそ、カントは求めていたのである。

哲学は科学ではないという事実については、たぶん多くの論者の見解は一致しているのではないだろうか。問題はむしろ、哲学が大学で教育される学科のひとつになってしまっていることから生じる。いうまでもなく、このことはわたしたち哲学者にとって好都合である。さもなければ、いったいだれがわたしたちに報酬を支払ってくれるというのだろう。だが、この事情の背後にはつねにある不確かさ、あるいは曖昧さが潜んでいて、払拭されないまま残っている。哲学は大学で教育される学科のひとつであるとはいいながら、累積的、実験的、客観的な知としてあつかうわけにはいかないからである。そこで、もし哲学が科学でないとしたなら、また客観的に参照できるデータがあって漸次進歩し累積されていく知でもないとしたなら、哲学とはそもそもなんであるのか、という問いが提出されることとなるのである。

それにしても、どうしてまた哲学は科学ではないのだろうか。アリストテレスは哲学を科学であると考えていた。形而上学は存在を存在として考察しようとする知であった。そして、存在を量や運動として考察する知とならんで、――哲学、数学、自然学といった具合に――科学の位階秩序に組み入れられていた。その後カントまでのあいだになにが起こったのだろうか。なぜこのアリストテレスのテーゼはいまではもう支持されえないのだろうか。ここで問題となるのは、まずは内容の面である（自然学はもはや運動の学と定義することはできないだろうし、数学ももはやたんに量の学だけではないからである）。しかし、それだけではない。形式の面から見た場合にも、かつては一種の普遍的な知に属していて、実在のさまざまな部門にかんする特殊的な知から切り離されていた多くの側面が、哲学の歴史のなかで実証科学化されてきた。そして、〈存在としての存在〉の知にかんしては、科学として特徴づけることはますます容易でなくなってしまった。これがとりわけカント以後起こったことなのであった。

カント以後、科学は厳密に近代科学の要件に見合ったかたちで、感性的な実験可能性を前提とした諸命題の体系として定式化されるにいたった。感性的なデータにもとづいて事物の観念を構成することができなければ、真の意味での科学を所有したことにならないというわけなのだ。このようにして、哲学は科学にたいして相対的に補助的な役割しか果たさないという事態が生じることとなったのである。

多くの論者は今日でもなお、カント哲学は諸科学の可能性の条件を研究する知の理論である、というような言い方をしている。したがって、それは第二次的水準の科学であると定義してもさしつかえないだろう。だが、その場合でも、それは科学を批判する科学、科学の可能性の条件と限界を探究する科学であることを肝に銘じておかねばならない。

つぎにカントが「形而上学」と呼んでいるものについていうなら、形而上学に科学の次元をあてがおうというくわだてはそれ自体が形而上学の深刻な危機と符合している。十九世紀後半の新カント派以後、超越論的哲学は形而上学を批判し克服しようとする学であることが明らかとなる。形而上学のうちで残っているものといえば、理性のア・プリオリな構造の記述だけである。この方向はいくつかの変更をともないつつ、フッサールの領域的存在論*に受け継がれているのではないかとわたしは思う。

* フッサールが『イデーンI』(一九一三年)において開陳している現象学の構想によると、それぞれの具体的な経験の対象はあるひとつの最高類、すなわち「領域」に属しているという。

物・身体・心・精神、等々。こうした領域を事実学としての経験科学が探求するのであるが、それぞれの事実学は領域の本質学としての領域的存在論のうちに理論的な基礎を置いているとされる。

いずれにしても、カントにおいては、哲学が〈存在としての存在〉の科学であるどのような可能性も、もはや存在しない。これは、観念論をべつとすれば、カントに由来するすべてのことに当てはまる。ドイツ観念論は形而上学についてのアリストテレス的な意味とカント的な意味を連結させようとする最後の偉大な努力であったと定義することができる。ヘーゲルは、カントがまちがっているとも言わないだろう。しかしまた、アリストテレスがまちがっているとも言わないだろう。そして、ア・プリオーリな形式の理論は存在の理論でもあると言うだろう。だが、ヘーゲル以後、問題の輪郭はしだいに不明瞭になっていく。わたしの印象では、どうやら十九世紀と二十世紀の思想の歴史において批判されてきたのはヘーゲル主義ではなくてカント主義であったようである。ヘルマン・コーヘンとヴィルヘルム・ヴィンデルバント、あるいはディルタイとその弟子たちをはじめとして、カントに立脚してヘーゲルを批判してきた者たち自身、じっさいにはヘーゲル的な解決策をたどりなおす結果となっている。*

＊ ヘルマン・コーヘン（一八四二―一九一八）とヴィルヘルム・ヴィンデルバント（一八四八―一九一五）は新カント派の代表的存在。一方、ヴィルヘルム・ディルタイ（一八三三―一九一一）は「生の哲学」の代表者の一人。

もっとも、もろもろの知を多かれ少なかれ主観的な現象主義の形態の上に基礎づけるという主張は（これは超越論的哲学のうちでももっとも不分明で異論の多い点であったが）なんらヘーゲル的な主張ではない。そのような主張は、カントのなかでのみ、より正確にいうなら、カントを科学理論のために、メタ科学的で百科全書的な知の理論のために利用しようとする試みのなかでのみ（したがってカントの新カント派的な利用のなかでのみ）、生じたものなのだ。ヘーゲルとともに生じたのは、むしろ、歴史の超個人的な審級としての〈精神〉の理論、歴史の真の主体としての絶対知の理論によって、右の主張に修正を加えようとするひとつの動きなのであった。

端的にいって、カント以後（そして新カント派の発展そのもののなかで）もはや機能していないのは、普遍的で安定した単一の理性が存在するという考え方である。カント主義を危機に陥らせたのは、文化人類学であり、世界には複数の文化が存在するという事実であった。そしてまた言わせてもらうなら、カントにたいするニーチェのような人物の異議申し立てであり、あるいは実証主義とともに登場した事物の新しいとらえ方であった。注意してほしいが、これらの異議はヘーゲルを副次的にしか巻きこんでいない。ヘーゲルが打撃を受けたのは、むしろ、実存主義からであった。キルケゴールと二十世紀におけるキルケゴール思想の再生からであった。しかし、キルケゴールの異議申し立ても、知られているように、つねにきわめて危うい線上にみずからを保ちつづけており、つねに〈精神〉の歴史に（少なくとも、それもまた絶対知の弁証法の一契機であるかぎりで）「ふたたび入りこむ」危険をはらんでいる。

これらすべてから確認されるのは、哲学はもはや「批判的な」科学ですらありえないということである。だが、もし哲学が〈存在としての存在〉の科学、すなわち、第一原理の科学でもなければ、純粋理性の批判、すなわち、理性の構造の批判ないし超越論的な科学認識論でもないのだとしたら、そのときには、ヘーゲルの思想で拒絶すべきものはほんのわずかしか残っていないのではないかとわたしには思われる。拒絶すべきものが残っているとすれば、理性が最終的にはひとつの安定したイメージのうちにあって充足を得るという、広く「カント的な」意味あいをもつ主張ぐらいだろう。もしヘーゲルが理性にたいして、すべてがすっかり規定され、すべてがどこまでも合理的である運命に服しているなどと主張しようとしなければ——じっさいに彼がどこまでそう主張しようとしたのかはわからないのだが——、哲学についてのヘーゲルのとらえ方に異議を唱えるべき理由はなにもないのではないだろうか。ヘーゲルによると、科学との関係で見た場合にも、人間的現実のなかで起きるすべてのことがらは歴史的なものであるという知が哲学に固有の知として残されているからである。

2 エアアイクニスの閃き

こう述べたからといって、哲学は科学から完全に分離しなければならないと言っているわけではない。むしろ、わたしが大いに関心をよせているのは、哲学と科学の関係にはなにが存在するのか、わたしたち人間の生存、文化、共同生活の歴史のうち、諸科学の一定の成果によってなにが変化してきたのかを知ることである。わたしにとって、科学哲学というのは、欲しようが欲しまいが、とどのつまりは一種の社会学、文化哲学である。科学にかんするあらゆる哲学的反省は科学の論理学ではありえない（なぜ哲学は科学に思考の方法を教えなければならないのか、とファイヤアーベント*は正当にも異議を唱えている）。そうではなくて、それはこの種の文化的活動が人びとの生活を変革するうえで生み出してきたもろもろの効果についての歴史的反省でなければならないだろう。いうまでもなく、この観点は事態を現実存在《アクチュアリティ》の存在論（ontologia dell'attualità）というかたちで思考しようとするわたしの努力と密接に関連している。いいかえるなら、経験的、実験的、数学的な諸科学がそれなりに発展し、一定の技術的成果を生み出している世界にわたしたちが存在しているのはどういうことなのか、という問いと密接に関連しているのだ。

＊　P・K・ファイヤアーベント（一九二四―一九九四）は既存の科学や科学哲学にたいする批判を主な仕事としたオーストリア生まれの科学哲学者。『方法への挑戦』（一九七五年）ほかの著作がある。

この意味において、哲学と科学の関係についての伝統的なイメージ、とりわけガダマーの『真理と方法』、そしてまたハイデガーの著作に見いだされるイメージと、わたしのとらえ方はまったく一致しない。もっとも、ハイデガーはガダマーよりも用意周到なようであるが（「世界像の時代」にかんする論考[1]からは、ハイデガーが科学にたいしてガダマーよりも容認的であったことがわかる）。ガダマーは、方法（すなわち科学）と真理の分裂をふたたび縫い合わせようと、さまざまな仕方で試みてきた。それにもかかわらず、『真理と方法』の言説は依然としてつぎのようなひとつの根底的な要求へと差し向けられている。「科学における真理だけが存在するわけではない（そのうえ、この「だけ」という語は括弧で括ることだってできるのだ）。歴史における真理、美的経験における真理、歴史的経験における真理も存在する」、すなわち、日常言語で表現される真理も存在するというのが、その要求である。日常言語はなんら専門化された言語ではない。しかも、そのような日常言語がもろもろの科学的言語をも支配しているというのだ。この側面はガダマーにとって残余のいっさいを規定する側面でありつづけている。彼の要求はつねに基本的に人文主義的なタイプの要求なのだ。おそらくそのようなものであろうとしてはおらず、またおそらく徹底的にはそのようなものでないにしてもである。

しかしまた、小冊子『科学の時代における理性』(2)に想いをいたすなら、わたしの言説はガダマーの言説に近づく。ここではガダマーはわたしも裏書きしてよいようなことを述べている。科学にたいして倫理的な限界を提示しているのである。ここで問われているのは、科学的命題の真偽の問題、あるいは科学が現存するものに立ち向かう仕方の真偽の問題ではない。問われているのは、科学の社会的・歴史的な効果の問題である。そして、この問題に直面した場合には、ひとは倫理的な種類の枠組みを課さねばならないのである（課すのであって対置するのではない）。正当にもガダマーは、この倫理性は精神の連続性、すなわち、わたしたちはあるひとつの共通の状況に属しているという事実と関係がある、と主張している。「地球という閉ざされた工房で仕事をしなければならないというのが、結局のところわたしたち全員の運命なのだ。なおもわたしたちはそのことを全員が自覚するにはほど遠いところにいるが、いまや地上におけるわたしたちの運命そのものが問題になっているのである。もし人類が必要に迫られて新しい連帯を見つけ出すすべを学ばないなら、だれひとり生き延びることはできないだろう(3)」。

だが決定的なのは、形而上学にかんするハイデガーの議論の意味するところをガダマーはほんとうには受けいれようとしていないことである。ガダマーがハイデガーの形而上学批判を受けいれるのは、なによりも科学主義ないし科学的客観主義にかんしてである。ハイデガーのいう真の意味での〈存在〉の歴史といったものはガダマーの念頭にない。

哲学の現在についての分析でハイデガーと一致するところがあっても、ガダマーは、十七〜八世紀以後、あるいはこう言ったほうがよければカント以後、近代哲学は真理の領域を科学の実験的確証可能性の領域に還元してしまっており、残余の部分は真理の領域ではなくなってしまっているという事実を指摘するだけで、話をそれ以上拡げることをしていない。この指摘そのものはハイデガーから見ても正しい指摘である。しかし、こういったことが起こるのにはそれなりの理由があると、ガダマーは考えもしない。この意味では、ガダマーは知性と世界の関係についての静態的な見方に縛られたままであって、彼が自認しているほど「ヘーゲル的」ではないと言わざるをえない。唯一の真理は実証的、実験的、数学的科学の真理であるなどと、いったいどうしてわたしたちはある時点において考えるにいたるのだろうか。ガダマーに言わせれば、それはたんにひとつの過失にすぎないのかもしれない。そしてたぶんガダマーの言うとおりなのだろう。が、それはたしかに巨大な重みをもつ過失なのであって、その過失がもたらしたセンセーショナルな帰結についてはいまだ説明がなされていないのである。

わたしたちが現在目撃するにいたっているこのような事態をガダマーのように「過失」と断定するのは、いささか短慮にすぎるのではないだろうか。また科学のとらえ方においても、わたしはガダマーから遠いところにいるようにも感じる。というのも、わたしはハイデガーと同じく、科学を現代における〈存在〉の運命の本質的な一側面であるとみているからである（ハイデガーはこの側面を思ったほど発展させなかったにしてもである）。

しかしまた、科学は〈存在〉の忘却の運命としてだけでなく、可能な回帰の運命としても、現代における〈存在〉の運命の本質的な一側面なのだ。ハイデガーがゲシュテル（Ge-Stell〔近代科学技術のこと。「仕組み」「立て組」「総かり立て体制」「徴発性」などと訳される〕）は〈存在〉のエアアイクニス（Ereignis〔性起〕）の最初の閃きとみることができると述べている『同一性と差異』のページ(4)にわたしがこだわるのは、このためである。わたしはガダマーに、このハイデガーの言葉をきわめて真剣に受けとめてしかるべきだと考えているのか、訊ねてみたことがあった。ガダマーは、ハイデガーがその講演をおこなったとき自分もその場に居合わせた、と言った。そして、そのテーゼが例外的なものであるとハイデガーが自覚していたことに自分ははっきりと気づいていた、と答えた。ガダマーがそのように答えたのはわたしを満足させるためであったのか、それとも、わたしの質問の意味を理解していなかったためなのかはわからない。けれども、たぶんわたしの質問の意味を理解していなかったのではないかと思う。というのも、ハイデガーがゲシュテルを肯定するような言い方をし、それはことによると〈存在〉のエアアイクニスの最初の閃きであるのかもしれないと述べているのは、簡単に片づけて済む話ではないからである。なるほど、ハイデガーはこの言明をその後発展させなかった。しかし、だからといって、事態の核心から離れた周辺的な考察であるとは考えるべきでないだろう。たしかにそこではもっと重大なことが問題にされているのだ。

その〔ゲシュテルは〈存在〉のエアアイクニスの最初の閃きであるという〕ハイデガーの言葉は世界像の時代にかんする論考と関連させて読まれるべきであると、わたしはいまもなお考えている。ただその場合、「世界像」という言葉は複数形で表現されるべきだろう。組織された社会においてはさまざまな知が抗争を繰りひろげており、単一の世界像をあてはめることはできない。そこでは、世界像は本質的に複数の像に転化する。世界像の時代にかんする論考の「桁外れなもの、法外なもの、とてつもなく巨大なもの」について述べた最終節は[5]、実質上、ひとはもはや単一の世界像という考えをいだけなくなってしまったということ、わたしたちは世界についての像をつくり出したが、それはその後おのずと複数の像に転化してしまったということを主張しようとしている。したがって、存在するのはもはや単一の世界ではない。存在するのは世界についての多様な像である。そしてここから解釈の葛藤が生み出されてくる。これらはすべて〈存在〉の命運にかかわる出来事である。

ところが、ガダマーは、〈存在〉の命運にかかわる出来事だとは一度も言わなかった。わたしが思うに、そうだとはけっして言うことができなかったのではないだろうか。ガダマーは、多くの点で、プラトンに縛られていた。ギリシア的な形而上学に縛られたままだった。真理にはさまざまな開示の仕方があるという考えも、たしかにここから出てくる。ジャン・グロンダンのガダマー伝*には（ガダマー自身もこの描写に異議を唱えているようにはみえないのだが）、真理の開示の仕方には複数の形態があるという考えは本質的に寛容の精神をうち立てる、すなわち、対話の基礎を築くのに役立つ、とある。人びとは自分とは違った見方にも真理があると考えるようになるというのだ。これはほとんど相対主義そのものである。ここには、歴史的なもの、ハイデガーのいう〈存在〉の歴史をうかがわせるもの、運命を想わせるものはなにもない。ガダマーはハイデガーのこの側面をけっして実践してみようとしなかった。まじめに受けとろうとはけっしてしなかった。これは奇妙なことである。自分は「ハイデガーの弟子」である、とガダマーは宣言しているからである。だが、ガダマーがハイデガーの思想を利用するやり方は、じつをいうと、問題のこの面をいささか縮減して受けとめたうえで、ヘーゲル流に利用しようとしたものなのだ。

＊ ジャン・グロンダン（一九五五―）はカナダの哲学者。『ハンス＝ゲオルク・ガダマー――ある伝記』は一九九九年にドイツ語で出版された。

わたしたちが『哲学年報』の第一号に訳載したガダマーの論考(6)からは、ガダマーがヘーゲルの主張する歴史性を開かれたままで受けとらず、精神のたどる諸段階を客観的精神に還元してしまおうとしていることが明らかに見てとれる。主観的精神、客観的精神、絶対的精神といった、精神の三つの契機すべてを検討に付すことはなされていない。それどころか、絶対的精神にいたってはまったく言及すらされていない。ガダマーにとっては、絶対的精神は客観的精神の一部であるにすぎない。これはマルクス主義的歴史主義を鍵にして、つまりは具体性により重点を置いてヘーゲルを読み解こうとしたものと言ってよいだろう。わたしたちはつねに時代の子であり、ひいては歴史の「内部」において仕事をしている、というわけである。だが、もし客観的精神がさらなる発展をしなかったとしたら、そのときにはそれはアリストテレスのいう意味での〈存在〉ということになってしまうだろう。すなわち、内部に多くの貸部屋のあるひとつの大きな〔静態的な〕家、ト・オン・レゲタイ・ポッラコス（to on leghetai pollakos）であることになってしまうのではないだろうか。

もちろん、これはあくまでわたしのガダマー像である。わたしが自分でつくりあげて対決し、それとの対比で自分の立ち位置を定義しているガダマー像である。この像に議論の余地がないとは言っていない。

3　コンマの話

わたしは最近、ガダマー生誕百年を記念する『ルヴュ・アンテルナシオナル・ド・フィロゾフィー〔国際哲学評論〕』誌の特集号のために短いエッセイを書いた。「コンマの話」というタイトルを付けたが、それはわたしが『真理と方法』を翻訳していたとき、“Sein, das verstanden werden kann, ist Sprache”〔理解されうる存在は言語である〕という文言をどう訳すかという問題、すなわち、コンマを付けて表記すべきか、それともコンマなしで表記したほうがよいのか、という問題が持ちあがったからであった[7]。わたしはつねづね、コンマを付けて表記すべきだと主張してきた。たとえドイツ語でコンマを付けて表記されているのはたんに文法上の理由によるものであって、イタリア語では厳密にはコンマを取るべきであるとしてもである。そこでわたしは問題の処理をガダマーに委ねたところ、彼はわたしの主張には同意できないとのことであった。誤解される危険があるというのだ（たとえば、わたしの主張するようにイタリア語でもコンマを付けて表記すると、理解されることのない存在、言語とは異なった存在があるかのように想定していると思われかねないというわけである）。

けれども、よく見てみると、ガダマーにとって相対主義から自由になるための唯一の方法は問題の文言をまさしくこの意味において解釈すること、すなわち、存在がもっとも一般的な意味で理解可能な存在という性格をもつのは、それが言語であるかぎりにおいてである、と解釈することかもしれないのである。ところが、ガダマーが言わんとしているのはそのような意味ではないのだ。理解されうる存在だけが言語なのである。こうしてひとは精神の科学と自然の科学の区別にとどまりつづけることとなる。とりわけ、あらゆる言語的理解の外に〈存在自体〉が存続していると想定されることとなる。だが、このような想定が成り立つとすれば、ハイデガーが批判していた、そしてガダマーも受けいれるわけにはいかない「実在論的」形而上学に立ち戻ってしまわざるをえなくなるだろう。

　コンマを導入しようという提案は、いずれにしても、ガダマーを存在論の歴史という方向で読む試みに応えようとするものであった。わたしの見るところ、ガダマーは彼の諸前提からすればこの方向に歩みを進めてしかるべきであった。ところが、ガダマーはこの方向に足を踏み出さなかった。そして相対主義とヘーゲル主義の中間で立ち止まってしまっている。ガダマーのヘーゲル主義の特徴は、実質上、ヘーゲルを客観的精神のところで停止させ、いっさいを所属というかたちで理解しようとする点にある。これは重要な原理である。哲学は理性の遂行する行為に還元できないこと、過程のすべてを自己意識的な合理的知に包摂するのは不可能であることをその原理は指し示しているからである。「所属」は、意識はつねに現実の内部にあるため、現実を認識によって「汲みつくし」、わたしたちの完全な理解のもとに置くことはけっしてできないということを意味している。

　だが、その場合には、この現実の歴史がどのようなものでありうるのかは明確でない。もしここでのガダマーの言説（それがヘーゲル的なものであることは明白である。所属とは超越論的－観念論的な自己反照性の別名にほかならない）がつぎに絶対的精神の存在を認めないとしたなら、その究極的な意味がなんであるのか、もはやわからなくなってしまうだろう。なるほど、それが一種の実践的アリストテレス主義に出口をもっていることはたしかである。これは検討に値する仮説である。そのような方向に出口を見いだす機会はかなりあるからである。しかし、いずれにしても、ここでのガダマーの言説はつねにその最終的な帰結より前のところで停止してしまっている。絶対知からのものであるべき、また絶対知からのものでしかありえない帰結に到達する前のところで停止してしまった言説でしかない。

絶対知からの――。あるいは、弱い思考（pensiero debole）からの、と言おう。じつのところ、弱い思考こそはヘーゲル主義に取って代わることのできる唯一のオルターナティヴなのではないだろうか。もし理性の最終的自己確証に向けての過程がないとしたら、あとには弱い存在論（ontologia debole）という着想しか残らないのだから、こういった見通しもさほどありえないことではないのである。これは、たとえば自己確証といってもつねに暫定的なものでしかありえないと考えた場合でも通用する。結局のところ、絶対的精神とは、わたしたちがこれまで達成してきた自己意識のマクシマムにほかならない。そして、わたしたちが複数存在する文化を統合しようとしたり、いくつかある命題の真理を論証しようとする場合には、絶対的精神を実現しようとしているのだと考えて、それに見合ったイメージを提供することによって、ひとは十分にヘーゲル主義者たりうるのである（そのうえ、この種の主張がまったく見当はずれだともわたしは思わない）。

さて、明らかなことであるが、普遍的な自己確証を志向するどのような仕事も、時と場合に応じた暫定的なものであると考えられようと、ほんとうに最終的なものであると考えられようと、方向性を欠いたものではありえない。自己確証に向かう過程は、人類全体にかかわるなんらかの統一的な発展の見取り図を備えたものでなくてはならないのだ。だが、そのときには、なぜ絶対的精神、現段階でわたしたちが手にしている自己意識のマクシマムと言ってもよいものが、ダライ・ラマの知ではなくて、わたしたちの知でなければならないのか、とひとは自問せざるをえなくなる。もしひとがダライ・ラマと議論することになったら、そのひとはダライ・ラマになんと言うのだろうか。この場合には二つの絶対的精神が生じる。この二つの絶対的精神はそれぞれが自分の事績を積み重ねていて、互いに意思疎通を図ることはないのである。

いいかえれば、もしなんらかの純粋な相対主義に陥ってはならないとするなら、しかしまた他方、ヘーゲルから究極的絶対性の理念、すなわち完全な自己意識という理念を奪い去ってしまったなら、なにを代わりに置けばよいのだろうか。運動の原理に転化した〔「存在」と「存在者」の〕存在論的差異の理念（idea della differenza ontologica che diventa principio di movimento）に訴える以外にないのではないかというのが、わたしの見解である。

4　科学と〈存在者ではない存在〉

わたしの現在の立場を要約したガダマーにかんする論考では、ハイデガーの『存在と時間』のつぎのような文言も考察の対象にしている。「存在者ではなくて存在が（Sein, nicht Seiendes）生起するのは、ただ真理が存在するかぎりにおいてである。そして真理が存在するのは、あくまでも現存在が存在するかぎりにおいてのことである」。「ただ真理が存在する（ist）場合にのみ、存在者ではなくて存在は「与えられる」（gibt es）。そして真理は現存在が存在する場合にのみ存在する」(8)。この場合にも、コンマが付いていることに留意すべきである。わたしは“Sein, nicht Seiendes”という表記にこだわる。そして、この〈存在者ではない存在〉はあるひとつの目的論の枠組みのなかでとらえられるべきであって、たんなる記述のレヴェルにおける照合の対象ではないと解釈する。ハイデガーは言っている、もし真理が存在するならば、存在が存在するのであって、存在者が存在するのではない、と。存在が存在するのは、もっぱら、あるいは主として、存在者が存在するのではないかぎりでのことなのだ。

ここでわたしたちは科学に立ち戻ることができる。科学は、道徳や政治もそうであったように、〈存在者ではない存在〉の学なのだ。〈存在者ではない存在〉とは、政治の場合、わたしたちの利益の直接的な防衛に人びとの協定を取って代えること、つまりは社会契約に移行することを意味している。これは存在者の直接性を乗りこえてなにか別のものへと向かうひとつの仕方である。ひいては、もはや「万人が万人にとっての狼である」ことはなくなって、集団を代表して選ばれただれか別の人物の権威、あるいはひとつの集団的な権威が支配することとなるのである。倫理もまた、最終的には、もろもろの衝動、生き残りたいとか利益を追求したいとか自分の占有物にしたいという衝動の直接性を乗りこえることであると解釈されてきた。直接的な主観的貪欲さを乗りこえるものだと考えられてきたのだった。最後に、そしておそらくはもっと「完璧な」かたちで、科学はまさしく〈存在者ではない存在〉を代表している。というのも、科学は数学的構造と反復可能な実体の学に転化するにいたって、事物の「いまここで」的な現存にはもはやさほど結びついたものではなくなってしまったからである。あるいは、科学のあつかうもの自体が痩せ細り、物理学そのものが現実には存在しない推測的な実体か無限小の実体について語るようになって、精神化される寸前まで立ちいたっているからである。じっさいにも、ジャン・ギトン*は、まさしく科学でも物質が精神化されるにいたっていることを見てとって、神の存在が真理であることを論証しようと試みたのだった。

＊ ジャン・ギトン（一九〇一―一九九九）はフランスのカトリック神学者。主要著作に『神と科学――超実在論に向かって』（共著、一九九一年）や『わたしの哲学的遺言』（一九九七年）などがある。

哲学的存在論の観点からすれば、こういったことはすべて、「絶対主義的でない」展望を採用するよう、わたしたちをいままで以上に督励しているとみることができる。「絶対主義的な」存在論、すなわち、ヘーゲル的な存在論、より正しくはあるひとつの結論を予想しているような存在論は、自分がすでに頂点に到達してしまっているのではないか、そしてそうした自分の立場を他の者たちにもむりやり最終的なものとして強要しなければならないのではないか、という強迫観念につねに付きまとわれている。そのうえ、ソヴィエト共産主義そのものも、さらなる脱疎外化の可能性を「認めない」脱疎外化のひとつの完成態であった。けれども、もしヘーゲルから「絶対主義的な」出口を奪い去ってしまったなら、そのときには絶対的なものはつぎのように解釈できるようになる。そして、この解釈にたいして、わたしは異議をさしはさむべき理由をなんらもたない。いつの場合にも真理はさまざまな異議をすべて考慮に入れてきたのであり、それらをなんらかの仕方でみずからのうちに解消してきたか、ともかくも取りこんできた、という解釈がそれである。弁証法とはこのようなものなのだ。

非合法にヨーロッパへ移住してくるインド人のほうがインドへ移住するヨーロッパ人よりも数が多いという事実は、おそらく、ヘーゲル弁証法が有効であることのひとつの徴《しるし》でもある。わたしたちの生活のほうが彼らの生活よりも望ましいという事実の現れなのだ。じっさいにも、わたしたちのほうでは国内のなんらかの地帯に聖なる牛の群れが流入してきても養っていけるだけの余裕があるのにたいして、彼らのところでは牛たちは飢えで死んでいるのである。

だがもちろん、このような言説はヘーゲル的にはあまり支持できないものに転化する。『幸福・友愛・法』というタイトルをもつジャンフランチェスコ・ザネッティの本*には、興味ある解決策が提示されている。ザネッティは外延的な自由主義のほうが内包的な自由主義よりも好ましいことを証明しようとしている。内包的な自由主義というのは、自律的な一個の全体としての各人の権利を共同体との関係を考慮せずに肯定する自由主義のことである。これにたいして、外延的な自由主義のほうは、彼によると、他の者たち全員、および人びとが今日置かれている状況とのあいだに、なんらかの関係を有しているという。要するに、もし自由主義がすべての世界観を認めるなら、そのときにはファシストも自由主義者と同等の権利をもつことになるのではないのか、という古くからの問いかけにたいして、ザネッティは、自分の立場を表明できる秩序があらかじめ用意されていなければならないというのはそのとおりであるが、しかしまた、ひとは他の者たちから離れて生活する権利ももっていなければならない、と主張するのである（この権利を彼は「不幸でいる権利」と呼ぶ）。そして、このタイプの秩序を擁護する立場は他のもろもろの立場にくらべて受容可能性が高い、と言う。

＊ ジャンフランチェスコ・ザネッティ（一九六〇－）はイタリアの法哲学者。『幸福・友愛・法』は一九九八年刊。

わたしたちは歴史の哲学がなくてはやっていけないが、わたしたちが表明することのできる唯一の歴史の哲学はもろもろの歴史哲学の終焉を告げる歴史の哲学なのであり、しかもこれはひとつの積極的な原理なのだとわたしが言う場合にも、わたしは実質上ザネッティと同じことを言おうとしている。わたしが言おうとしているのは、たんに「なんでも可（anything goes）」ということではない。そうではなくて、どんなものでも可であると主張する者、とりわけこの「どんなもの」は複数存在すると主張する者、すなわち、「なんでも可」というテーゼを主張する者には、他のテーゼを主張する者たちよりも多くの道理があるということなのだ。

ところで、これらの帰結が読み解けるようになるのは、弱体化してきた存在の歴史という観点からであるように思われる。そして、この観点のもとでは、科学も脱現実化、弱体化、超越の一形態であることが明らかとなるのである。

5　人類の教化

科学が人びとの生活にもたらすもろもろの成果にかんしては、哲学は科学を脇に追いやることはしない。ただ、自分自身を科学であるとは考えない。だとすれば、哲学的実践には当然のことながらなんらかの問題が提起されることとなる。「哲学的実践とはなにか」という問いが定義されるべき問いとして浮上してくるのだ。わたしの回答は、哲学は論証的な言説であるよりは教化的な（edificante）言説であり、知の発達と認識の進歩よりは人類の教化へと向かおうとするものである、ということである。しかしまた、教化的であるということは反理論的であるということを意味しない。すなわち、（自己および人類の）教化には認識の進歩はかかわりがないということを意味しない。そうではなくてむしろ、認識の進歩は哲学にとって唯一ないし主要な目標ではないということを意味している。教化的なものは、キルケゴールによると、恐るべきものであり、人びとの心を不安にさせるものであり、条件によっては崇高なものである（すなわち、否定的なものである——このことは、彼にとっては、自分が有限な存在であることを知覚するということを意味している）。それと同時に、改善と建設をおこなっていくものでもある。だから、そこにはけっして理論的および認識的な面が欠如しているわけではないが、しかしまたなにかそれ以上のものであり、それとは異なったものでもあるのだ。

フッサールの『厳密な学としての哲学』(9)の最終節には世界観としての哲学と科学としての哲学とのよく知られた区別が登場するが、この区別がとどのつまりは本質的に倫理的な性格の区別であろうとしているのは意義深い。世界観としての哲学は引用符付きで「審美的」と呼ばれる多くの構築物のうちのひとつの偉大な構築物であり、そのなかでひとが生きている文化の像についての創造的な自己描写である。また、それは見方しだいではたぶん望ましいと思われる模範的な人物像を何人か象ってみせるが、根底においては、それらの人物像もひとつの利己的な選択に対応したものである。まるでフッサールは結局のところ、こう述べているかのようだ。このタイプの哲学者は一介の洒落者（dandy）なのだ、と。あるいは、たかだか神学者であり、詩人であり、作家であり、エッセイストであるにすぎない、と。『厳密な学としての哲学』の最終節におけるフッサールのこのような世界観の哲学の描写に多くの積極的な側面があることは否定できない。だが、ここで問うてみなければならない。フッサールの哲学はどの程度までこの審美主義の危険から逃れることができているのだろうか、と。ところが、この点にかんしてのフッサールの説明はなんであるかといえば、かずかずのごく小さな歩みからなる累積的な知、永遠に残る客観的認識をささやかながらもひとつひとつ獲得すべく努める必要があるということでしかない。

このような説明にたいしては、ただちにつぎのような異議が提出されるだろう。なぜ長く持続するもののほうが長くは持続しないものよりも優れていなければならないのか、と。自動車を買う場合には、長持ちするもののほうが優れている。だからといって、同じ原則が哲学の分野でも通用することにはならない。フランクフルト学派の人間なら、とんでもなく苛酷な性能原則を要求していると言ってフッサールを非難するのではないだろうか。きみはこれまでに起きた歴史のなかにきみの持ち分を見つけ出すのではなくて、けっして完全にはきみのものになることはない歴史にこそ奉仕すべきだ、と異議を唱えるにちがいないのだ。

だが、こういった異議はさておき、わたしはどうやらフッサールが軽蔑していそうな観点から哲学について考えている。エッセイスト風の教化行為としての哲学のことを考えているのである。だれかにジャーナリストだと言われても、わたしが憤慨もしなければ立腹もしないのは、このためである。わたしとしてはむしろ、世界観としての哲学というフッサールのとらえ方はあらためて評価されてよいのではないか、と言いたい。もしわたしが教化的な（したがって本来の意味では「専門的」でもなければ「累積的」でもない）知としての哲学ということを口にするとしても、哲学とは世界観の哲学であるとか文体練習であると理解していることにはならない。そうではなくて、その教化行為は、フッサールが「累積的な」科学者や認識の進歩に向かって「小さな歩み」を続ける哲学者にのみ託している相互主観性や責任と密接に結びついているのである。

6　累積的な知

じつをいうと、わたしは哲学にも一定の累積的な知の側面があることを否定しない。ただし、それはその成果が争う余地がないとか、マニュアルを作成するのに役立つという意味ではない。そうではなくて、哲学もまたテクスト的な伝統がなくては存在しえないという意味である。だから、歴史主義者として、わたしは「累積主義者」だと自覚している。だが、わたしは科学的なタイプの累積主義者ではない。かえって、こうしたことすべてのうちには、哲学は自然科学の一ジャンルではないという事実、すなわち、哲学はひとつの文化的な知であって、テクスト的な伝統によってのみ定義されるのであり、それが使用する術語もそれがあつかう問題の総体もこのテクスト的な伝統に結びついているという事実が明らかに見てとれる。

くわえて、哲学のあつかう問題が人類一般にとって自然な問題であるのかどうかさえ、たしかなことではない。あるテーゼが普遍的な価値をもつということ自体、複数の文化が存在してはじめて思考しうるようになるからである。伝統的な社会では、だれも普遍的価値の問題を立てたりはしない。そこではいくつかの掟ないし伝統が作動している。そして、そうした掟や伝統のもとで、狂人や不正直者や愚か者などと規定される者がいる。相異なるパラダイムないし互いのあいだで深く異なる見方が出会うようになってはじめて、普遍性にまつわる問題は生じるのだ。しかし、そこではまた、普遍性の真正の意味も同時に誕生する。

聖トマスの有名な研究者であったわたしの精神的指導者が語ってくれたところによると、『対異教徒大全』はキリスト教布教のためのマニュアルであったという。イスラーム教に改宗しようとしていた人のための哲学と合理神学の本であったというのである。改宗を思いとどまらせるためには、なんらかの基礎的な指針から出発する必要があったのだ。さて、とても興味深いのは、さまざまな宗教的信条が衝突しあい、自分とは別の信条に出会って、それらとある種の共通基盤を見つける必要があるときに、合理神学が重要性を帯びて登場してくるという事実である。聖トマスや過去の多くの哲学者たちは、この共通基盤は人類一般に普遍的なものであると信じていた。これにたいして、わたしたちは言いたい。この人類一般に普遍的な基盤はじつはそれほど普遍的ではないのではないか、と。その基盤自体が歴史的に変成をとげており、それをわたしたちはたえず構築しなおしているからである。

科学もマニュアル的な伝統をもっている。知は進歩するというフッサールの考えそのものも、共通の伝統という観念がなくては意味をもたないだろう。その一方で、哲学的なテーゼも対象をもつ。もっとも、実証的科学では実験が可能なため、「対象」ということを口にしやすいのにたいして、哲学の場合は、対象がじっさいに存在するのか、簡単には断言できないところがある。けれども、両者の違いを単純に客観的な科学と非客観的な科学の違いというように定式化しなおすこともできない。よく知られているように、科学の対象も、つねに大部分はパラダイムの内部において、そしてまたパラダイムから出発して定義されるのである。とはいっても、科学は実験的な検証ないし反証をおこなえるというのが哲学と根本的に違っている点であることはいうまでもない。哲学にはこの可能性は原則的にあたえられていないし、過去にもけっしてあたえられたことはなかった。そこで一種のダブルバインドに陥ることとなる。哲学が検証ないし反証可能な言明を発したとたん、それは物理学や気象学等々の命題となる。要するに、科学になってしまうのだ。

もちろん、実験的な検証ないし反証にも違った見方がある。たとえば、ポパーのいう反証*は対象そのものの真偽を問う論法であるよりは人間を相手にした(ad homines)論法のように思われる。じっさいにも、あるテーゼを反証してみたところで、新しい発見を示したことにはならない。ただ、その道を通ってもあそこへ行くことはできない、もしミラノからピサへ行きたければ、トレントを経由してはならないということを、きみに納得させることができるにすぎない。たしかに、その反証はきみや他の者たちの確信とは違ったことを根拠としている。だが、否定的ないし消極的な認識まで積極的な認識と呼ぶのでないかぎり、そうした反証によってきみ自身がなにか積極的な認識を獲得したわけではない。いいかえるなら、わたしが積極的に知っているのは、これこれが事実ではないということである。けれども、緑色ではなくてもなんらか別の色であるとしたなら、人間ではなくてもなんらか別の事物であるとしたなら、この「〜ではない」はなにごとも意味したことにはならないのである。

＊ カール・ライムント・ポパー(一九〇二—一九九四)はウィーン生まれの科学哲学者。『探求の論理』(一九三四年)において「反証可能性」、すなわち、言明が偽とされる可能性をもっ

て科学が経験的科学たりうることの方法論的規準であるとした。

このように、哲学にも実験的な面があるとしても、それは「客観的な」認識をもたらすと想定されているようなタイプの実験性ではない。哲学も経験に訴えることができるとわたしは確信している。哲学にも経験的真理があるとわたしは確信している。けれども、その経験はすでに主観的・文化的に媒介されたものであって、それを客観的な「獲得物」というように語ることはできない。たとえば、弁証法そのものはあらゆる時代の哲学的文化に共通する経験である。しかし、その経験はあくまで、事物を一定の仕方で（たとえば、プラトンが『パルメニデス』において一と多の問いを立てているような仕方で）定立したら、大筋ではつねに同じ結果が生じるような経験であるにすぎない。見ているのは、あくまでわたしの目である。わたしはわたしの目で見ているのであって、きみの目で見ているのではない。わたしが「歯が痛い」と言えば、それがどういう意味なのか、きみもわかっているのは自明のことだとわたしは考えている。しかし、じっさいにきみがわかっているということを論証してみせろと言われても、けっして論証できない。これらの真理はいってみればあたりまえの真理（verità naturali）、ただし、自然（natura）ではなくて自明（ovvietà）という意味でのあたりまえの真理である。そして、その自明性は大部分が文化からなっているのである。

だが、実験の結果を証拠にもちいて仕事をしようとすると、それをどこまで哲学と呼んでよいのかがわからなくなる。たとえば、心の哲学、認知科学は、哲学なのだろうか、それとも、一部の哲学者がたまたま歴史的事情によって達した（たとえば、近代に入って衰退していた心理主義が新カント派と新実証主義の伝統のなかで再生した）言説にすぎないのだろうか。認知科学がどこまでほんとうに哲学の内的必然性と関係があるのか、わたしにはわからない。少なくとも、わたしが理解している哲学ではないし、わたしたちのテクスト文化で伝統的に理解されてきた哲学でもない。カントが認知科学者流の言説に影響されている姿など、わたしには思い描くことすらできないのだ。

（1）Martin Heidegger, "Epoca dell'immagine del mondo," in: Id., *Sentieri interrotti*, trad. it. di P. Chiodi (La Nuova Italia, Firenze 1968)〔桑木務訳『世界像の時代』（理想社、一九六二年）〕.

（2）Hans-Georg Gadamer, *La ragione nell'età della scienza* (1976), tra. it. di A. Fabris (il Melangolo, Genova 1982)〔本間謙二・座小田豊訳『科学の時代における理性』（法政大学出版局、一九八八年）〕.

（3）Ibid., pp. 64-65〔同右、六八―六九ページ〕.

（4）Cf. *Identität und Differenz* (Neske, Pfullingen 1957)〔大江精志郎訳『同一性と差異性』（理想社、一九六〇年）〕. また、Vattimo, *Le avventure della differenza* (Garzanti, Milano 1980), p. 184 も見られ

たい。「この術語はドイツ語では通常「礎石、台架、骨組み」という意味で使われるが、これをハイデガーは Ge と Stell の合成語というように受けとる。……したがって、Ge-Stell は Stellen すなわち「置くこと・立てること」の総体である。技術の世界は存在が「置くこと・立てること」という印のもとにあるような世界なのだ」。

(5) Cf. M. Heidegger, "L'epoca dell'immagine del mondo," in: op. cit., pp. 100-101〔桑木訳、三八―三九ページ〕.

(6) H.-G. Gadamer, "I fondamenti filosofici del XX secolo," trad. it. di U. M. Ugazio, in: *Filosofia '86*, a cura di G. Vattimo (Laterza, Roma-Bari 1985).

(7) じっさいには、その文言はコンマなしで "l'essere che può venir compreso è linguaggio" と翻訳された。H.-G. Gadamer, *Verità e metodo*, trad. it. di G. Vattimo (Bompiani, Milano 1983), p. 542.

(8) M. Heidegger, *Essere e tempo* (1927), trad. it. di P. Chiodi (Longanesi, Milano 1976/5), pp. 281-82〔細谷貞雄訳『存在と時間』(ちくま学芸文庫、一九九四年)上、四六八、四七五ページ〕.

(9) Edmund Husserl, *La filosofia come scienza rigorosa* (1911), trad. it. di C. Sinigaglia (Laterza, Roma-Bari 1994)〔佐竹哲雄訳『厳密な学としての哲学』(岩波書店、一九六九年)/小池稔訳「厳密な学としての哲学」、細谷恒夫責任編集『世界の名著51　ブレンターノ　フッサール』(中央公論社、一九七〇年)所収〕.

哲学、歴史、文学

Filosofia, storia, letteratura

1　真理、レトリック、歴史

わたしはかつてレトリックとしての真理にかんする論考を書いたことがある(1)。今日ならおそらく厳密には同じことを書きはしないだろう。だが、いま一度だけ問題の所在を明らかにしておきたい。

なによりもまず、真理は政治科学の問題でもなければ、科学的論証にかかわる問題でもなくて、説得（persuasione）の問題であるとわたしは確信している。ただし、それは「息子よ、わたしの言うことを信じてくれ」という意味ではなくて、「みんなに手をさしのべよう」という意味である。いいかえるなら、哲学が使用する論法は複数の人間を相手にした（ad homines）論法であって、ただひとりの人間を相手にした（ad hominem）論法ではないのである。そして、ここで問題になる真理は説得によって明らかにされる真理なのであるが、その説得はあくまで集合体との関係において――また集合体とともに――なされる行為であって、たとえば金銭を貸与してもらうのに役立つたぐいの行為ではない。そのときには、それは本質的にわたしたちの置かれている共通の状況をある一定の路線にしたがって、そして人びとが広く分かちあって前提から出発して解釈しようという提案であることが明らかとなる。

わたしがきみを説得しようとするとしよう。そのさい、わたしはきみも読んだことがあって知っているはずの著者、それも、「二足す二は四である」といったようなことを論証しているのではなくて、共通の状況についての解釈を試みている著者について語る。それはだれであってもかまわないような著者ではない。そうではなくて、けっしてきみの書架から投げ捨てないと思われる著者、きみの個人的な経験が密接に結びついている著者である。

こうして、議論はつぎのような真理へと立ち戻る。ニーチェやマルクスやフロイトなどを読んだ経験を無駄にすることなしに、どうしてまたなおもこんなことを言っていられるのか、ニーチェを（あるいはカントでもヘーゲルでもよいが）読んだ経験は、きみが以前なら言ったかもしれないこと、支持したかもしれないことをきみが口にするのをさまたげるのではないのか、というのがそれである。

ところでまた、わたしたちは自問してみることができる。これはどのようなタイプの明証性（evidenza）をあたえてくれるのか、と。多かれ少なかれ同じ前提を共有するリチャード・ローティ*の回答とは違って、わたしの回答は、哲学において問題となる真理は複数の人間を相手にした説得の成果ではあるが、ハイデガーのいう〈存在〉の歴史への一定の信頼にもとづいてもいる、というものである。それは〈存在〉の歴史におけるいくつかの連続線を解釈学的に識別することが可能であるという事実にもとづいているのだ。

＊ リチャード・ローティ（一九三一―二〇〇七）はアメリカ合州国の哲学者。ネオプラグマティズムの立場から分析哲学などの批判を試みた。『客観性、相対主義、真理』（一九九一年）ほかの著作がある。

〈存在〉の歴史への信頼はわたしの場合、だれかが哲学的進化論（evoluzionismo filosofico）の一形態と呼んだものに対応している。古典、すなわち進歩に抵抗してきたものも、かならずしも最初から古典であったわけではないだろう。抵抗するよう運命づけられていたわけではないのではないだろうか。けれども、それらがそのような古典に転化してしまったという事実はわたしをも渦中に巻きこんでいる。わたしという存在は大部分、古典が執拗に存続しているおかげで生まれたものなのだ……。この意味では、ガダマーが先入見の果たす積極的な意味での根拠性を主張し、客観的精神の意義を強調しているのは、一理あることだった。わたしが結局ふたたびキリスト教信者になったのも、同じ理由によ る。

歴史にはなにか神の摂理のようなものが存在する。ア・プリオーリな必然的法則が存在するとか、歴史は敗者よりも勝者のほうに肩入れしており、このことにわたしは満足しているのではない。それはただ、自分たちは神によって造られた存在であるという意識（senso della creaturalità）とでも呼んでよいものと合致しているにすぎない。わたしは自分の力でこの世に存在しているわけではなく、他の者たちのおかげでこの世に生を享けている。そして、この事実こそはわたしに遺贈された財産なのだ。この世で唯一わたしが手にしている大切な財産なのである。

　もちろん、わたしはこうした財産に異議を申し立て、救済すべき弱者や忘れ去られた者たちの歴史を探しに出かけることはできる。が、この場合でも、福音書には示唆に富むイエスの言葉がある。イエスによると、ファリサイ派の学者というのは自分の倉から新しいものでも使い古したものでもなんでも取り出してくる一家の主人のような存在だという。＊イエスはこのことをほかでもない、旧約聖書のなんらかの個所を読み解くさいの解釈学的なコンテクストのなかで言っている。同じように、哲学の伝統の場合にも、客観的な導きの糸のようなものは存在しない。ひとはつねに新しいものや古いものを取り出しては歴史を再考することができるのである。

＊『マタイによる福音書』一三・五二――「天の国のことを学んだ学者はみな、自分の倉か

ら新しいものと古いものを取り出す一家の主人に似ている」。

2　歴史と存在論は両立不可能であるか

以上のことから、哲学は教化的な言説であるが、だからといってたんに宴の席で談笑しながら交わされる言説ではないことがわかる。教化的とは「きみに〜するよう勧める」といった普通の意味でも、ある体系を建設するために教化するといった意味でも理解しなければならない。さきにも示唆したように、教化としての建設には知を累積していくという意味も込められている。他の者たちがすでに建設していたものになにか新しいものを付け加えるということを意味しているのであって、他の者たちのほうでも、この新たに付け加わったものをしかしながら変更不可能な土台としてではなく利用しながら建設を続行していくのである。ハイデガーが立てた有名な区別にトラディチオーン（Tradition〔伝統〕）とユーバーリーフェルング（Überlieferung〔伝承〕）、あるいはフェアガンゲン（Vergangen）とゲヴェーゼン（Gewesen）、過ぎ去ってしまったものとしての過去とかつて現存していたものとしての過去の区別がある。[*] 哲学が関係するみずからの過去は最終的に確定された土台としての過去ではなく、つねに新たな解釈へ開かれている可能性の総体としての過去である。

＊『存在と時間』第七三節「歴史の通俗的理解と現存在の経歴」参照。

科学も、層をなして累積されてきた解釈、研究の伝統、なんども練りあげなおした成果の積み重ねに立脚して仕事をしている。この意味では哲学と文学的解釈学と科学には連続性がある。なるほど、科学には、反復可能な実験的検証という要素がある。ある実験の検証を時間とは無関係に反復することができるのだ。そしてここでは歴史は一見蚊帳の外に追いやられているようにみえる。けれども、じっさいには実験の場合にも、そこで使用される言語や実験方法は歴史的に規定されているという問題が生じる。科学の成果そのものは歴史を超越していると主張されるにしてもである。

ところで、歴史性ということを強調したとたん、存在論との関係でいうと、〈存在〉を隠蔽して、存在者を擁護する結果となってしまいはしないだろうか。こういった疑問を提出することはいつの場合にも正当なことである。それというのも、わたしが「存在者ではない存在」と言うとき、〈存在〉のためには存在者を無視する必要があるということを言おうとしているのではないのか。これはひょっとして歴史をも乗りこえるという意味ではないのか。考えてみれば、歴史は存在者の歴史であって〈存在〉の歴史ではない。そうであってみればどうだろう。科学の場合には反復可能な構造の実証がなされるが、それはほかでもない、その構造が存在者の歴史を超越しているからである。したがって、科学の「歴史を超越した」姿勢は存在論の立場と区別がつかなくなってしまう。この一方で、もしわたしがこれらの安定した構造が見いだされるのも歴史的な図式の内部においてなのだと反論するとしたら、結局のところ、またもやわたしは〈存在〉の歴史ではなくて存在者の歴史を弁証しようとしていることになるのではないのか。

じっさいにも、歴史に注目しすぎると、存在論から遠く離れたところへ運ばれていきかねない。これは解釈学にたいして構造主義者が突きつけてきたおなじみの異議である。また今日、分析哲学系の存在論者が投げかけている批判でもある。〈存在〉の存在様式やそれについての思考様式に考慮を払いながら、歴史的に存在しているものや存在しうるものにかんする問いに、いったいどのようにして答えることができるのか、というわけなのだ。さらには、解釈学やハイデガーが立てている前提そのものから出発した場合でも、歴史性に固執しすぎると、〈存在〉を犠牲にして存在者に焦点を合わせる結果となってしまう(極端な例をあげるなら、このせいでエマヌエーレ・セヴェリーノ*は歴史性と時間を拒絶するのである)。したがって、いずれの場合にも、歴史と存在論は両立不可能であるようにみえる。

＊　エマヌエーレ・セヴェリーノ（一九二九－）はイタリアの哲学者。あらゆる存在者の永遠性を主張して、パルメニデスへの回帰を呼びかけたことで知られる。『ニヒリズムの本質』（一九七二年）をはじめ、著書多数。

だが、ここにいたって効力を発揮するのがエアアイクニス〈性起〉としての〈存在〉というハイデガーの概念である。〈存在〉がほんとうにエアアイクニスであるのなら、そのときには〈存在〉そのものが歴史であり時間であり出来《しゅったい》するものであることになるのだ。ここで話は反転する。歴史が存在者に特有のものであるというのは真実である。が、逆説的なことにも、存在者に注目しすぎると、存在者そのものを非時間的なものと見なすようになる。科学に特有の非時間性に行き着いて、実験の抽象的な反復可能性とその結果を保証する羽目に陥るのである。歴史性を〈存在〉のヴィジョンにとっての脅威と考えることは、〈存在〉をまたもや存在者の形態において、そして存在者の観点から考えるということを意味しているのだ。

3　世界の寓話化

これまでの話を哲学の方法ないしスタイルの問題に移し換えてみよう。すると、なぜわたしたちは哲学についての解釈学的なとらえ方を選ぶのか、その理由を説明しないわけにはいかなくなる。解釈学的な議論の仕方を説明するのにうってつけな例は、神の死についてのニーチェの告知である。ニーチェが言おうとしているのは、神が死んだのは「客観的にみて神は存在しない」こと、現実は神を排除するようにできていることにわたしたちがついに気づくにいたったからである、ということではない。もしわたしたちがニーチェの解釈理論――「事実が存在するのではなくて、ただ解釈が存在するにすぎない、これもひとつの解釈である、それがどうだというのかね」という理論[2]――に忠実であるなら、ニーチェはこの種のテーゼを口にするはずがないのである。神の死の告知というのはむしろ、わたしたちが巻きこまれているもろもろの出来事の経過を見やって、その経過を客観的に記述するのではなく、大胆にも「神はもはや必要ではない」と認めてみようと解釈したものなのだ。「神は死んだ」という告知は、科学と技術のおかげで原始人が感じていたような恐怖なしに生きられる世界では神はもはやなくてもかまわない、と人びとが広く認めていることの証《あかし》にほかならないのである。

　だが、ニーチェの解釈で神がもはや無用の嘘であることが露わになるのは、ほかでもない神への信仰によってわたしたちの個人的・社会的な生活のなかに導き入れられてきたもろもろの変容によるものなのであった。つねに安定と安心の原理として機能してきた神は、つねに嘘を禁じてきた神でもある。だから、信徒たちが「神が存在するというのは嘘である」と言明するのも、神の命令にしたがってのことなのだ。

　この込みいっていて目のくらむような論拠を、これまでニーチェ以外のいったいだれが、神が（形而上学的にみて）存在しないということを詩的に表明するための論拠として提出しえたというのだろう。信徒たちが最後には神の存在を嘘と認めて神を殺すとしよう。そのときには、信徒たちは――指摘しておかねばならないが――神を否定することによって真理の力をも否定することとなり、自分のおこなっていることにいかなる真理も見いだせなくなってしまうだろう。こうして寓話と化してしまった現実の世界は、寓話に信用性をあたえるわけでもなければ、真理に代わる任務を託すわけでもなく、もろもろの解釈の葛藤をもたらすにすぎない。そして、その解釈の葛藤がまた、それ自体ひとつの解釈として、哲学的なかたちをとって提示されるのである。

　この観点に立つなら、哲学はもろもろの解釈のいつまでも尽きることのない葛藤から生まれることとなる。だが、そういった葛藤をどこにもない場所から眺めていることが哲学であるはずがない。また、哲学の本領はなんらかの芸術的・文学的な実践の形態をとることにあるわけでもない。人びとへの説得をおこなうことこそが哲学の特別の目的であろうから。哲学を文学に同化してしまうことはできないのだ。世界の寓話化の経験は、ある意味では意外なことにも、哲学におけるあらゆる審美主義の形態から正当性を奪い去ってしまう。解釈の葛藤が展開される哲学の場にあっては、真の意味での芸術的・審美的な恣意は入りこむ余地などない。そこにはむしろ、ニーチェの解釈学に特有の「論理」に適合しようとする姿勢がある。そこでは、真理の経験を本質的に解釈的なものであると認めるのはそれ自体がひとつの解釈であることが認められる。また、真理が歴史的なもの（地平的なもの）であるという理論はそれ自体がひとつの歴史的な真理として受けいれられるのである。

4　フーガ

先述の「なんでも可（anything goes / tutto va）」というフレーズは、哲学で解釈学的観点を採用した場合に最終的にたどり着く地点を手短にカリカチュア化したものとみられることが多い。しかし、そのフレーズが「進行する（go / andare）」という作用の一部をなしていること、すなわち、進行する事物（cose che vanno）の総体的な動きのうちに含まれていることを考えるなら、それはけっしてなんらかの相対主義を表現しようとしたものではないことがわかる。そしてこのことは、わたしが思うに、カントと比較してヘーゲルが優越した位置にあることを示している。それはまるで、わたしがわたしという存在について意識しているときにはわたしはすでに変わってしまっている、とでも言っているかのようなのだ。なぜなら、ここでの「わたし」は、わたしという存在であるのに加えて、わたしという存在についての意識でもあるからである。この点こそは現象学や弁証法などカント以後の哲学すべての根底をなす要素にほかならない。

これはまた解釈学の前提でもある。言説が自分自身は状況の外にある鏡であるかのように思いなして記述する状況が存在するだけではない。状況と状況についての記述や解釈の双方からなる状況もまた存在するのだ。同じように、「なんでも可」というフレーズが進行する事物の総体的な動きのうちに含まれていることにわたしが気づいた瞬間、そこでは観点の変化が起きる。そしておそらく、そこに見られるのは「なんでも可」の相対化されえない優位なのだ。というのも、進行する事物とそれを不完全なかたちで記述するフレーズからなる総体というように考えるほうが他のもろもろの着想よりも「うまく行く（va meglio)」と言うことができるからである。

たしかに、わたしは記述のなかに自分自身も含むことのできるようなもっと大きな完全性を探し求めているようにもみえる。だが、ここにひとつ考慮していなければならない点がある。このような完全性の要請（意識や反省も記述のなかに含めるという要請、また「なんでも可」というフレーズを進行する事物の総体のなかに含めるという要請）を立てたまではよいが、実際はどうかと見れば、いかんともしがたい不完全性を発見して終わらざるをえなくなるのである（わたし自身にわたし自身の意識を加えると、なにか別のものができあがって、これについてもまたつねに意識していなければならなくなるのだ）。したがって、状況に適合した記述はいつまで経ってもかなわないこととなる。ここで問題となっている適合の観念そのものが変化してしまっているからである。それはひとが真理を言葉が事物と適合している状態というように考える場合にもちいられる適合の観念と同じものではない。「適合している」とは、いまの場合、「状況をよく映し出している」という意味ではなく、議論のある瞬間において「条件を充たしている」というくらいの意味である。また「説得力がある」という意味もあるが、この場合でも、そこにはつねに根本的な留保がともなっている。あるいは自由な判断の余地が残されている。たとえば、ひとはだれでも誤りを犯すことがあるという主張、「どんなことでも反証可能である」というような言辞は、客観的な状況を記述したものではなくて、わたしが言っていることは間違っているかもしれない、わたしが言っていることを明日にはだれかが否定するにいたるかもしれないという印象を表明したものにすぎない。この意味では、完全なニヒリズム、「いっさいが解釈である、そしてこういうふうに言っているのも解釈である」という立場のほうがまだしもましである。このようなニヒリズムをわたしたちは「いっさいは相対的である、そして「いっさいは相対的である」という文言自体も相対的である」と主張する相対主義の等価物と考えることができる。この立場のほうがましなのは、それがわたしをいっそう落ち着かなくさせるからである。ここには、答えが少ないぶん、それだけ答えるべき問いが多くある。

5　自然科学か精神科学か

いいかえるなら、自己意識はけっして事物の状況に適合した記述になることはない。それ自体がつねにゲームに巻きこまれてしまっているからである。解釈学的な解釈概念だけがなんとかこれを考慮に入れている。これにたいして、解釈学以外の哲学的立場は、つねにいっさいを記述的・客観的な言葉に転換しようと躍起になっており、事物そのものを見過ごしてしまっているか、ありのままに見ようとはしていないようである。見方によっては、この運動を事物の状況にもっとも「適合したかたちで」（多くの引用符付きで）追跡しているのは記述の客観性という概念についての解釈であって、記述の客観性そのものを拒否しようとする態度ではないということができる。そして、こちらのほうが当たっているように思う。

　ここからは科学についても別の見方が生まれてくるはずである。わたしたちが科学の客観性について語るときに念頭においているのはカント以後の科学であるが、それはもはや事物をありのままに映し出したものとして認識をとらえてはいないのである。「客観性」という言葉を使用する場合、カント以後はもはやそれを記述が純粋に事物の状況に適合している事態を指したものとして使用することはできなくなっている。いまやわたしの見るところ、客観性はそれを検証するための基準をわたしたちがどこまで自由に使用できるものになっているかということと分かちがたく結びついている。そしてこの自由な使用可能性はとりわけ哲学的言説にかかわることがらなのである。すなわち、科学そのものによっては統御できないのであり、科学的言説の対象ではないのだ。それは第二次的な次元の問題であると言ってもよいだろう。

　このことが意味しているのは、「科学は思考しない」ということではない。そうではなくてむしろ、科学的研究によって可能なものとなった技術の使用にかんする問題は、ハイデガーがいつも言っているように、「技術の問題ではない」ということである。技術の本質について考察することは、「本質」というのが技術の「現実的効力」、すなわち、それが人間生活一般におよぼす効力と「波及力」のことであるとするなら、技術自身の問題ではないのだ。

ところで、この効力と波及力は技術が決定する問題でもなければ決定できる問題でもないとして、このことは自然科学と精神科学のあいだに存在する相違がふたたび提起されるということ、そして哲学が位置づけを見いだすのは当然にも精神科学の観点からであるということを意味しているのだろうか。わたしはそうは思わない。

新カント派で定式化されている自然科学と精神科学の相違はなおも自然の世界と自由の世界の相違として考えられていた。まるで自然の世界は否定しようにも否定しようのない必然性、絶対的な必然性を有しているとでもいうかのようであった。こうしてまた、その根底にはつぎのような先入見が存在していた。すなわち、自然界の出来事は決定論に支配されていて、科学が確定するものはけっしてみずから動くことがない。これとは逆に、当然ながら、倫理はみずから動く。進展し、移り変わる。すなわち自由である。そして、自由の王国においては、統整的なものとしてしか把捉することのできないヌーメノン〔本体・もの自体」が理性の理想として存在する、という考え方が根強く支配していたのだった。

わたしは自分をこの新カント派的な枠組みの内部に位置づけることができるとは思わない。逆に、わたしはハードな科学、実験科学の領域において起きることも存在の歴史なのだとみる観点のうちに自分を位置づける。そして存在の歴史にとって肝要なのは言語的メッセージ、文化的メッセージの伝達である。そうだとしたなら、科学の堅固さがこの観点によって脅かされることはまったくないが、しかしまた科学が自然の不変の秩序を担っているというように受けとることもできない。ただ、科学のほうが客観性の基準の変化のリズムが緩慢であると言うことができるにすぎない。科学の場合には、基準は長期にわたって緩やかに変化していく。これにたいして、日常生活の場合には、今日わたしたちを導いている基準が明日にはさらなる自覚が獲得されることによって急速に変化するということもありうるのだ。

哲学はわたしたちが日常的に展開している言語活動の自己意識である。より正確にいえば、メタ言語活動の自己意識なのだ。そして、そうしたメタ言語活動の内部に個々の言語活動はすべて位置していて、そこにおいてそれぞれの安定性を得ているのであり、時と場合によっては変化をこうむっているのである。

ひいては、哲学は自然科学と精神科学の伝統的な区別のうちに位置づけられうるものでもない。それは自然科学とも精神科学とも異なったまったく別のなにものかでありながら、しかもその両者のうちに含まれている。「ハードな」科学といえども解釈的な学だからである。解釈的な知であって、たんなる記述的な知ではないのだ。違いがあるとしたら、「ハードな」科学が解釈をおこなうさいに準拠する規範は専門化された言語活動の一部をなしており、メタ言語活動の内部にあって確定されたものであるかぎりで、生活の価値や意味等々にかんする反省の場合のように、たえず議論に付されることはないということぐらいである。この事情をはっきりと術語化するのはむずかしいが、直観的には十分了解してもらえるものと思う。

物理学者がまちがっているとか、科学も議論の余地のない客観性を有しているわけではないと言っているのではない。そのような客観性自体も〈存在〉の歴史のうちに位置しており、〈存在〉の歴史に所属していると言っているにすぎない。今朝わたしの家のボイラーが点火せず、水圧を調整しなければならなかった。すると、ひとはわたしに言う。きみもまた科学によって確定された基準の客観性のうちにあって生きているのだ、と。なぜなら、もし科学がボイラーや水圧を調整する道具を考案しなかったら、きみは暖をとることができなかっただろうから、というのだ。たしかにそのとおりである。これらはすべて客観的なことがらである。だが、その客観性はあくまで水圧管やボイラーの存在からなる事物の布置関係、そして水圧管やボイラーを暖房のための道具にしている事物の布置関係の内部にあって構築された客観性である。いいかえるなら、あらゆる「自然的な」客観性は「文化的な」客観性でもあるのだ。科学の提供する客観性も、存在するかしないか、そうであるか否かが一度あたえられたなら永遠にそのまま存続するような客観性ではなくて、事物のなんらかの布置関係があたえられたり構築されたりしたことの結果であるからである。そして、そのような事物の布置関係の内部においてのみ、出来事は生じたり生じなかったりするのであり、イエスとかノーとかと言うことも可能となるのである。

（1） Cf. G. Vattimo, "Verità e retorica nell'ontologia ermeneutica," in: Paolo Rossi (ed.), *Linguaggio, persuasione, verità* (Cedam, Padova 1984). この論考はその後、G. Vattimo, *La fine della modernità* (Garzanti, Milano 1985), pp. 138-52 に収録された。同書に収録されている論考 "Apologia del nichilismo" も見られたい。

（2） 『善悪の彼岸』のアフォリズム二一を見られたい（*Opere*, a cura di G. Colli e M. Montanari [Adelphi, Milano 1967-], vol. VI, t. II, 1968）〔信太正三訳『善悪の彼岸　道徳の系譜』（ちくま学芸文庫、一九九三年）、四九―五〇ページ〕。

哲学における論理

La logica in filosofia

1　論理学ともろもろの論理学

さきに示唆したように、ニーチェが「完全な」と定義しているニヒリズム、そしてわたしたちにとっては真理の解釈学的経験に内在する矛盾の自覚と等価のものであるニヒリズムは、「論理学」という言葉が真理を思考する仕方、あたえられた歴史的・言語的状況のなかで思考し言説を展開する仕方を指すのであれば、広い意味でひとつの「論理学的な」立場をとることを含意している。この意味では、わたしたちが前の章で見た真理とレトリックの結びつきはかならずしも論理学に不利に作用するわけではない。なるほど、論理学がたんに有効な推論を生みだすテクニックを指しているのなら、真理もまたレトリック、すなわち人びとを相手にした説得の所産であるという主張は、たしかにそうした論理学の権限領域から真理を部分的に排除してしまうものだと言ってよい（知られているように、推論を生みだすテクニックとしての論理学だけではけっして真理という観念を把捉することはできないのである）。だが、わたしたちが前の章で真理と存在の歴史との結びつきというように記述したものは、ロゴスの学としての論理学、存在が唯一無二のかたちをとって歴史的に開示され、ある文化における真偽の地平を構成しているなかにあって、わたしたちに利用可能な思考の様式について省察をめぐらせるものとしての論理学から、なんら意味を奪い去るものではない。

いいかえるなら、わたしはもろもろの命題を検証したり反証したりするさいの基準をけっして自分で考案したわけではないのであって、あくまで、手元にある基準を利用しているにすぎない。そして、そのような基準を自分で使えるかどうかは、わたしが自由に決められることではないのである。それらの基準については、わたしは反省をめぐらせたり再構築することはできるが、それらを支配したり、なぜそれらが必然的なものであるのか、その理由を理解することはできない。わたしの現存そのものがすでに事実上わたしにそれらの形式や基準をあたえているのであって、その必然性については、わたしは知らないし、確定もできないのだ。〈存在〉とわたしの関係は、真偽の地平のなかに投げいれられているという関係、すでにあたえられたいくつかの基準を手にしているという関係である。だが、これらの基準が唯一可能な基準であり、普遍的に規範的なものとなりうる基準であるとは、だれもわたしに言わない。そこで、もしわたしが〈存在〉について中立的で普遍的に語る方法として論理学を考えるのではなく、そのつどあたえられる基準についての反省であるというように受けとめるなら、そのときには論理学は現実存在《アクチュアリティ》の存在論の一部以外のなにものでもない。そして、真理のもろもろの基準をたえず相対化しながらその妥当性を吟味していくもの、つまりはひとつの構成的な懐疑として作動することとなる。

わたしに関心があるのは、たとえば、二項的ではなくて多価的な論理学が存在するかどうかを知ることである。また、非ユークリッド幾何学にも関心がある。これらの形式的な科学、これらの純粋形式的な知がたどってきた経過には、存在論的な展望、〈存在〉の歴史を標的とする解釈学にとって関心を寄せないわけにはいかないものがあるのだ。だが、わたしになによりも関心があるのは、差異である。もろもろの論理学、もろもろの幾何学のあいだには差異があるという事実、そして形式的な厳密科学の領域も〈存在〉の歴史に巻きこまれているという事実にほかならない。またひるがえっては、思うに、まさしくこれらの形式的科学がたどってきた経過は〈存在〉の歴史にそれなりに作用をおよぼしてもいるのである。諸科学の変容がわたしたちの存在様式や〈存在〉についての思考様式にさまざまな影響をおよぼしてきたのだとすれば、このことは論理学と純粋形式科学にはなおさら該当する。

現在存在するさまざまな形式主義、そしてまた形式科学の提供するあらゆる表現手段にもっと精通することができたなら、本格的な現実存在《アクチュアリティ》の存在論を構築するための要素を見つけ出すのもよりたやすくなるのではないだろうか。わたしはつねづね見まがいようもなく論理的でありながら十分にハイデガー的でもあるような論理学者と共同研究ができないものかと願ってきた。ジャンカルロ・ロータ(1)はそのような資格をもった人物だったが、最近亡くなってしまった。わたし独りだけでは、この道に入りこむことはできない。哲学と専門化された諸科学の関係は、他の者たちがおこなっている仕事を興味半分で見に行こうといったツーリスト的な態度となって終わってしまうか、そうなりたくなければ、道を見失ってしまうかのどちらかになりかねない。わたしの友人でも、哲学的関心からラカンの精神分析に取り組みはじめて、すっかりラカン主義にはまり込んでしまった者が何人もいる。これと同じように、論理学に取り組みだすと、それにすっかり魂を奪われ、ついには哲学にたいしてなにも言うべきものをもたないような道に迷いこんでしまわないか、わたしは怖れているのだ。

もし哲学がさまざまな論理学のあいだに存在する差異に関心があるのであれば、論理学の歴史についてもっと深く学び、さまざまな種類の論理学がどのようにして成熟してきたのかを知るほうが興味深いだろう。しかし、それはあくまで存在論学者の関心の一部でなくてはならないだろう。同じことはたとえば情報技術についても言える。情報技術がいまやわたしにも接近可能なものになりつつあるように思われるのは、わたしがそれを頻繁に使うようになっているからなのだ。わたしたちが日常的に展開している自然的な言語活動によっては理解できないような問題が生じた場合などには、一定の形式化を試みてみるのも有益だろう。たとえば、「無は神よりも大きい」のだから神は無ですらそれを凌駕できるほど小さい(2)というのは、絶対に論駁不可能な論拠であるように見える。なぜそう見えるのか、また根本的にはなぜそうでないのか、その理由を理解してみることは有益なことである。だが、この例をべつとすれば、論理学を使った哲学者のテクストを読んで、その言わんとしていることがわかったとして、そこから受ける印象はといえば、たいていは一種のゲームかSF小説を読んでいるような印象なのだ。気散じに時間を過ごしている印象を受けるのである。事あるごとに数学クイズを出す友人がまわりにたくさんいるが、どれもこれもくだらないクイズばかりである。そして哲学者としては、その種の知識は哲学にとって脅威以外のなにものでもないと感じることがしばしばである。

じじつ、形式化された言説に出くわすと、わたしは形式化の過程そのものはまるごと飛び越えてただちに結論へと向かい、なにを言おうとしているのかを知りたくなる。そして、論証を形式的ではないかたちで理解することができない場合には、その論拠がわたしを納得させることはほとんどないのだ。速記法や黒板に図式を書かせる技法としては、形式化はたしかに有益であるように思われる。しかしながら、広く日常的におこなわれている言説にたいしては、それはあくまでも補助的なものにとどまるのである。ガダマーの言うように、哲学は日々の言語活動、自然的な言語活動によって構成される言説なのだ。

2　論理学と存在の歴史

そこでこう言いたい。論理学者は、わたしが〈存在〉について語るときにも役に立つはずだと考える形式的な体系を提示してくれる。ところが、わたしが思うに、この体系も〈存在〉の歴史を構成するひとつの時代の所産なのであって、たしかにわたしはこの時代についても知りたくはあるが、それはあくまで自然的な言語活動を土台とした〈存在〉と関係を結ぶのが目的なのだ。形式主義は、それが厳密に構築されうるためには、みずからを自己規定的で決定的なものと見なさざるをえない。すなわち、過度に歴史的なものと見なすわけにはいかない。したがって、論理学と〈存在〉の歴史は密接につながっているが、しかしまた、そこには矛盾も存在するのである。この意味では、すべての「人間」科学が厳密な学になろうとするとき、いいかえれば、プラトン化して永遠不変の安定した構造の学になろうとするときに陥るのと同じ危険に、論理学も陥っているようである。逆説的なことにも、哲学者の任務は今日ではプラトンの計画とは逆転している。いまや哲学者は人間存在を永遠の存在へと召喚するのではなく、歴史的なものへと召喚するのである。

たとえば、今日では精神分析も人格を客観的に記述しようとする。けれども、哲学者とは精神分析学者に向かってつぎのように言う者、すなわち、一瞬でもよいから、諸君はフロイトの『夢の解釈』が出版された一九〇〇年にはじめて舞台に登場したのだということを考えてみてほしい、と言う者のことなのだ。

そこで、精神分析について語るときには、わたしはいつも、それは近代人とともに生まれたのだから近代人の科学であるのみならず、客観的な観点からも近代人の科学ではないのか、という問いを提起することにしている。近代人だけが精神分析の対象ではないかと思うのである。

これは一部、社会学にも当てはまる。社会学はすでに十分に複雑化した社会を記述する機会がやってきたときにはじめて作動する。それはあたかもマルクスのいう階級意識が大工業のもとでのみ生じえたものであって、農村に散在している手工業職人たちの場合にはなかなか生じえなかったのと同様である。社会学は社会学の誕生と時期を同じくして誕生した社会にかんする科学なのだ。そして精神分析もおそらく社会関係が複雑化したときに生まれる科学なのだ。ノルベルト・エリアス*は、社会学に関連することがらはすべてもはや自力救済に訴える必要のない国家的社会が形成されたことから生じると述べたが、これはエリアスの指摘するとおりである。このような国家的社会が形成されてはじめて社会学は生まれるのであり、そしてまた精神分析も生まれるのである。

* ノルベルト・エリアス（一八九七―一九九〇）はユダヤ系ドイツ人の社会学者。ナチスの政権獲得後亡命を余儀なくされ、大英帝国の市民権を取得。主著に『文明化の過程』（一九三九年）がある。

論理学もこれらの科学になぞらえることができるのだろうか。哲学は論理学にたいしてそれが歴史的なものであることを想起させるべきなのだろうか。もしそうだとしたら、そのときには論理学者と哲学者のあいだの抗争や相互無理解はハイデガー的な形而上学の問題に帰着することとなるだろう。論理学者は哲学者のためにも役立つような思考の法則を表明したいと考えている。したがって、これらの法則には哲学者も服従しなければならない。ただし、その場合、議論はなんらかの静態的な合理性の枠内にとどめおかれている、とつねに想定していなければならない。これはフッサールが論理学と哲学の関係をめぐる問いにかかわる著作で提起している問題である（ここでも『厳密な学としての哲学』を参照するよう求めたい）。論理的な法則は経験との結びつきを解かれた合理性にたいして客観的に通用するのだろうか。いやそうではなくて、おそらくは論理的な経験、経験としての論理というものが存在していて、それが論理学の根拠をなしているのではないのだろうか。こういったことが問題となるのだ。

哲学は論理学に問いかける。もしそれらの法則が言語活動と思考のいくつかの客観的な形式を記述しようとしたものであるなら、そのような形式は静態的で不変のものではないし、またありえないと考えるべきではないのか、と。論理学は、一方では、なんらかの状況、なんらかの時点における思考の法則を純粋に捕まえたものであると自己規定している。それが同時に規範的な学でもあると自己規定するなどといったことが、いったいどのようにすれば可能となるのだろうか。もし永遠の論理的法則が存在するのなら、わたしはその法則に服従しなければならない。だが、服従したとたん、わたしにとって決定的であると思われるすべてのものを失ってしまう。とりわけ、わたしと二千年前に生きていた者との差異、わたしの昨日の行為と明日の行為、わたしの個人的な歴史性と歴史性一般との差異が見失われてしまいかねない。

この段階にいたって、規範性の問題が提起される。そもそも、だれが別の論理学ではなくてこの論理学を使うと決めるのだろうか。これは言語ゲームの場合と同じである。ゲームは数もたくさんあれば種類もさまざまである。が、わたしは最初からあるひとつの言語ゲームに投げこまれている。しかも、ほかでもないその最初の瞬間から、言語ゲームがほかにも多数存在するのを理解している。だから、もしわたしが最初からこのゲームに投げこまれているのだとしたら、ゲームの種類がさまざまであるという事実を理解するのも、ほかでもないこのゲームなのである。そうだとしたならどうか。そのときには、人間が言ったり行なったりしていることの真偽を決定するあらかじめ定められた規則があって、それに人間は自分を合わせなければならないという主張から、わたしたちは議論を脱却させる必要があるのではないだろうか。

3　論理の哲学と哲学の論理

思考の（超歴史的な）形式を（超歴史的に）記述する論理学を哲学は認めないとしよう。すると、ここで二つの問いが提起される。第一の問いは、〈存在〉の流れ、〈存在〉の歴史があると考えるのは、すでに事実上あるひとつの論理学を多かれ少なかれ意識的に使用していること、あるいはあるひとつの論理学を他の論理学よりも優先して選びとっていることを含意しているのではないか、ということ。第二の問いは、科学的な論理とは異なった特別の「哲学の論理」のようなものが存在するのか、ということである（じっさいにも、論理学は哲学のあくまで一部であるにすぎないが、ほかの哲学的な学科と同じように、哲学全体を規制する力を秘めているのである）。

これら二つの問いは、じっさいにはただ一つの問いである。このことは第二の問いに答えようとしたとたんに明らかとなる。哲学もなんらかの推論の様式を採用しているというのは、事実である。この推論の様式はあるひとつの論理学を優先的に「選択」したものとみることができる。けれども、哲学が用いる論理はごく初歩的な論理であって、ある時代に広く流通していてだれでも自由に使いこなせるというのも、事実なのだ。わたしたちの出発点をなしているのは、いつの場合にも、哲学となんらかの専門化された知の関係であるよりは、哲学と日常言語で織りなされた言説とのあいだに特権的に存在する関係である。だとすれば、哲学が歴史的な知であるというのは明らかである。もっとも、「歴史的な知」といっても意味するところは多様である。しかし、そこには、哲学はある一定の歴史的地平に属しているという意味も含まれている。しかも、このことを哲学は自覚していて、その地平の外に飛び出せるなどとは夢にも思っていない。また、歴史的地平は日常言語で織りなされた言説にノーマルなもの（そして部分的には規範たりうるもの）としての資格をあたえる。哲学の仕事はあくまでも日常言語で織りなされた言説に立脚して遂行されるのである。ただし、その目的は、日常言語で織りなされた言説を理念的な構造に適合させることではなくて、その言説にはらまれている矛盾を明るみに出したり、その言説をいっそう首尾一貫したものにしたりすることにある。

わたしは折あるごとに、いささか挑発的な意図もこめて、哲学とはとどのつまり、広く流通しているイデオロギーの不分明で混雑した部分が軽減されて秩序立ったものになり、なんらかの批判的自覚をともなって成長したものにすぎない、と言ってきた。この発言の根底には、人びとのあいだで広く流通している意識には解毒剤も含まれているという考えがある。たとえば、人を殺してはならないことをわたしたちは知っている。また今日では多くの場合、わたしたちはみな、戦争をしてはならないと固く信じている。このことは、一見したところ逆のイデオロギーを支持しているようにみえる者たちにも当てはまる。もしナチス党員に出会ったなら、彼がユダヤ人の絶滅さえ正当化しようとするだろうことは容易に察しがつく。ただ、その場合でも、彼は社会に内在している暴力の芽を根絶するために必要な措置だと言うだろう。そのナチス党員のイデオロギーでも生命の価値そのものは形式的には認められている。それをナチス党員は逆立ちしたかたちで暴力を作動させることによって守り抜こうとしているのだ。ユダヤ人を絶滅する必要があるのはヒトという種そのものを根絶するためであるなどとはだれも言っていないのである。もちろん、ナチズムにもなんらかの合理性があるという考えを裏書きしようとか、正当なものと認めようというのではない。ただ、時代の歴史そのものには、そしてその歴史のなかにあってこのうえなく非道な逆立ちしたイデオロギーが構成されるという事実自体のうちにも、いくつかの解毒剤が用意されているのであって、間違いを修正する道を見つけ出すのに歴史の外に飛び出して、理念の世界でしか見つからない原理に訴える必要はさらさらない、と言っているにすぎない。

この点は哲学的省察にとっても重要な意味をもつのではないかと思われる。わたしはひとりの批判者として状況を変えようと努力している。それも、完全に状況の外にあるような原理の名においてではなく、状況のなかにあってなんらかの仕方でわたしにあたえられていて導きとなるような赤い糸の名においてである。その糸がほんとうにつねにあたえられているのかどうかはわからない。またナチス党員に国の統治を委ねようとも思わない。だが、ひとりの批判者として、わたしはナチス党員とすら議論できるし議論すべきなのである。そして、その男は悪党なのだからわたしができることといえば——リチャード・ローティはどうやらそうほのめかしているらしいが——男に銃を向けることしかないという事実を肝に銘じるにとどまっていてはならないのだ。ローティによると、議論の可能性にはおのずと限界があるのだが、このことをガダマーはおそらくドイツ人だからだろうか、認めようとしないだろう、という。しかし、この点では、わたしは実質上ガダマーと見解をともにする。わたしはナチス党員とも議論を試みることができるのではないかと思うのである。もちろん、議論がうまく行かないこともあるだろう。そのときには、わたしは自己弁護に努めなければならなくなるだろう。だが、現実には、彼もまたより良き人間社会の実現を（逆立ちしたかたちにおいてであれ）志向していることに気づいた瞬間（あるいは気づいたなら）、わたしはあくまでも議論によって前に進もうとしないわけにはいかないのである。より良き人間社会は強制収容所の火葬炉からは生まれないということを彼にわかってもらえるとわたしは固く信じている。

4　論理学と存在論

したがって、哲学にも（思考の規範となる）論理があり、その論理は歴史に根ざしたものであるということと、哲学は複数存在する論理学のなかからあるひとつの論理学を選好するという考えは矛盾するとは思えない。わたしが選好する論理学は、論理学が複数存在することを自覚しつつも、また論理学が複数存在することがあらかじめ想定されているような時代と世界に自分が生きているという事実を自覚しつつも、依然として存立しているような論理学なのである。こういったことのすべてを含みこんだ言説、こういったことのすべてを含みこんだうえで導きの糸を見いだしうるような言説、これこそは選好しうる言説なのだ。だが、それは歴史を超えて絶対的に選好しうる言説ではない。あくまでも今日という時点で選好しうる言説であるにすぎない。

そこで、ことによると、こう自問してみる必要があるのかもしれない。今日では哲学的論理学はこのように機能するのだという事実、このように機能しなければならないのだという事実は、存在論的にはなにを意味しているのか、と。これはあるひとつの心理学的、人間学的、文化的な与件についての認識なのだろうか。「わたしたちはみなこのように推論している」という意味なのだろうか。ある意味ではそうである。が、もしわたしがなおも「だが、いったいどのようにしてわたしたちはみなこのように推論しているのか」と問うたとしたらどうだろう。すると、この問いは、わたしたちの推論の仕方にかんする記述と、他の可能な推論の仕方についての想像との中間で、宙吊りになってしまう。

この点は論理学の解釈学的なとらえ方と分析哲学者のとらえ方を深く分かつ点ではないだろうか。分析哲学者なら〈存在〉の歴史について語る前のところで立ち止まってしまうだろう。じじつ、ローティにしたところで、このような語りが可能であるとは認めないだろう。〈存在〉の歴史について語るとは、たんに言説を飾り立ててみただけにすぎないのだろうか、余計なものなのだろうか。歴史について語る場合には、諸科学の歴史ともろもろの知の変容について語るだけで十分ではないのか。いや、じつはそうではないのだ。「真実の世界は物語になってしまった」と言われるとき、物語になってしまったのは真実の世界であるという事実を思い起こさなかったなら、わたしはいつの場合にも、自分がそのなかにいるのを見いだす物語を真実の世界と取り違えてしまう危険を冒しかねないだろう。それはハイデガーが注釈している聖パウロの書簡で語られているパルーシア（救世主の来臨）の問題に似ている。メシアは現実には到来しないかもしれないが、メシアが到来するだろうという約束と期待が、メシアにすでに出会ったという最初のペテン師の言葉を信じこまないようにさせているのである。〈存在〉の歴史もこれに似ている。それはあるひとつの必然性の歴史ではない。そうではなくて、必然性として提示される教義論的なテーゼを軽率に信用してはならないと教える一連の出来事の推移、それが〈存在〉の歴史なのだ。

* ハイデガー『宗教的生の現象学』（一九二〇–二一年度フライブルク講義）参照。
** 『新約聖書』「テサロニケ人への手紙　二」二・二参照——「霊や言葉によって、あるいは、わたしたちから書き送られたという手紙によって、主の日はすでに来てしまったかのように言う者がいても、すぐに動揺して分別をなくしたり、慌てふためいたりしないでほしい。」

今日では、分析哲学者も存在論について語ることがしだいに増えているようである。こうする以外に思考には規範と規則があることを正当化する方法がないと気づきはじめているからではないだろうか。わたしにとっての存在論の意義も同様である。ただし、それはわたしの思考が応答しようとしているのがわたしとは別の存在（事物や人物）との出会いであるからにほかならない。ハイデガーが〈存在〉の歴史について語るとき、彼が言わんとしているのは、あるメッセージがわたしに呼びかけているということである。そうだとすれば、存在論が歴史を排除しなければならない理由はどこにあるというのだろうか。

わたしにとっては、存在論について語る唯一の方法は〈存在〉だけではなくて、〈存在〉の歴史について語ることである。どうしてか。なによりもまず、ごくありふれた理由からである。存在論が〈存在〉の歴史でなかったとしたら、論理学はたんに人間の心理の歴史になってしまうからである。論理学はわたしの前に横たわって眠っている〈存在〉という象をめぐってのさまざまな誤謬を記述したものにすぎなくなってしまうだろう。このことからは深刻な問題が生じる。これらの誤謬の歴史がはたして発展をとげてきたのかどうか、だれにもわからないからである。アリストテレスはラッセルよりも頭が悪かったなどと、ほんとうに言うつもりなのだろうか。

第二の理由は『存在と時間』の実存分析からやってくる。存在はわたしたちにとってしか生起しない。存在は被投的投企（Entwurf, geworfen）というかたちでしか生起しないのだ。したがって、ここでも問題そのものは従来と同じである――この意味でアリストテレスはけっしてラッセルよりも頭が悪いわけではない――が、いわゆる直接的経験の分析という観点から思考されている点だけが異なっている。ここでは、対象はわたしにとってなんであるのか、というごく単純な問いの観点から思考がなされているのである。ところで、答えはなんであるかといえば、対象はあくまでもある投企の内部にあって使用される道具であり、この投企はあるひとつの出自に結びついている、等々というものである。だから、存在論は存在する。もろもろの事物も存在する。「存在する」という意味での存在も存在する。だが、この存在論的なものはある歴史の内部でしか生起しない。そして、わたしが存在論について語る場合でも、〈存在〉の歴史についてしか語ることができないのである。かりにわたしが歴史をもたない〈存在〉について語るとしたら、わたしは自分が語っていることの決定的な部分について沈黙せざるをえなくなるか、それと知らぬ間に自分を超越した歴史によって語らされ支配されることになるだろう。

分析哲学者もわたしたちハイデガー派も存在論について語るさい、じっさいには、自覚の程度にこそ差はあるにせよ、わたしたちのあいだでの対話の原因をなしている何ものか、わたしたちが「なんでも可」と言うのに抵抗している何ものかを暗示しているのである。そして、この何ものかこそはわたしたちが考慮すべきことがらなのだ。〈存在〉の歴史について語らずに存在論について語る者は、多くの問いを未解決なまま放置しながら〈存在〉の像を描き出していると言わざるをえない。

存在論から歴史を排除しようとする分析哲学者の傾向は、総じて、彼らが存在と言語活動との結びつきについて考察することをも困難にしている。〈存在〉が生起するのが被投的投企のなかにおいてであることがひとたび発見されたなら、つぎにはこう問わなければならない。〈存在〉の声はどこからやってくるのか、それがたんなる五官、経験的与件の強制力でないとしたら、その強制力はどこにあるのか、と。解釈学は、それはひとつの呼びかけであると答える。しかも、その呼びかけは言葉からだけではなく、わたしがみずからに同化し承認している過去に生きられた伝統、そして現在も言語活動のなかで生き延びつづけている伝統から、わたしのもとにやってくるのである。だから、ハイデガーが考えているように、言語活動は〈存在〉の住処であるというのも、さほどありそうもないことではない。だが、歴史性がともなわなければ、言語活動といえども他の活動と同様のたんに有用な道具のひとつにすぎない。

（1） ジャンカルロ・ロータ（一九三二—一九九九）はイタリア人数学者。現象学を専攻。長らくアメリカのマサチューセッツ工科大学で教えた。M. Kac, G. C. Rota, J. T. Schwartz, *Discrete Thoughts* (Birkhauser, Boston 1982); G. C. Rota, F. Palombi, *Indiscrete Thoughts* (Birkhauser, Boston 1996) を見られたい。

（2） Cf. C. Ossola, *Le antiche memorie del nulla* (Edizioni di storia e letteratura, Roma 1997); Fredegiso di Tours, *Il nulla e le tenebre* (il melangolo, Genova 1998).

真理を語る

Dire la verità

1　真理の神、主よ、あなたはわたしを贖ってくださいました

だが最後に、解釈学者と反解釈学者が繰りひろげているすべての議論の根底には、つねに適合としての真理の問題がある。さきにも述べたように、解釈学では、ほかにも適合についてのより込みいった考え方があるのではないかということが問題になる。しかし、哲学においてこの観点を選びとる理由を考えるとき、「真理の神、主よ、あなたはわたしを贖ってくださいました」という言葉*がいつも頭に浮かんでくる。なぜ哲学においては客観的記述としての真理という考え方にある程度冷淡であらざるをえないのだろうか。第一には、すでに述べたように、状況の客観的記述という考えを提案することができないのは、反省が積み重ねられるなかで状況がつねに増大していくからである。状況があり、状況についての意識があり、状況についての意識についての意識がある、等々。だが、重要なのは、状況のダイナミズムに「忠実」でありつづける必要があるということだけではない（そういうことなら、反省が積み重ねられるなかで状況も変化していくというように考えるのもまたひとつの適合の「タイプ」を擁護していることになるのではないか、反省によって規定された状況に訴えることはどんな場合でも有益であり適切であるとはいえないの

ではないか、という異議をつねに唱えることができるだろう）。ほかにも検討してみるべき問題がいくつかあるのである。

＊『旧約聖書』「詩篇」三二・五。

事物がどのような状態にあるのかわかれば役に立つのは明らかである。しかし、それが役に立つのは、あくまでも、事物がどのような状態にあるのかという記述のなかには書きいれていないものを考慮してのことである。もっとも受動的な宗教的態度はもっとも厳密に記述的でもっとも事物に適合した態度でもあるという事実について、これまでおそらくはだれも省みることをしてこなかったのではないだろうか。これはスピノザの態度である。〈存在〉の必然的構造として数学的真理の永遠性を観照することがわたしのこのうえない愉悦であるのなら、すなわち、わたしの自由であるのなら、わたしの自由はわたしに課されている秩序をただただ受けいれること、つまりは運命への愛（amor fati）と合致することとなるのである。＊

＊「運命への愛」という言葉自体はニーチェの言葉である。『悦ばしき知識』二七六番参照

――「事物における必然的なものを美としてみることをわたしはもっともっと学びたいとおもう。――このようにしてわたしは事物を美しくする者の一人となるであろう。運命への愛、これをこれからのわたしの愛としよう」。このニーチェの「運命への愛」をヴァッティモはスピノザの「神への知的愛」と同義のものと受けとめている。「神への知的愛」についてはスピノザ『エチカ』五定理三二参照。そこでは、「わたしたちは第三種の認識〔直観的認識〕において認識するすべてのことを楽しみ、しかもこの楽しみはその原因としての神の観念をともなっている」とある。そして、このことの証明として、「この種の認識からは、存在しうるかぎりの最高の精神の満足が生じる。いいかえれば、最高の喜び、――しかも、その原因としての精神自身の観念をともなった最高の喜びが生じる。したがって、この喜びはその原因としての神の観念をもともなっている」ということを挙げたうえで、系として、「第三種の認識から必然的に神への知的愛（amor Dei intellectualis）が生じる」と述べられている。

だが、このような見方にたいしてはショーペンハウアーが正当にも疑問を投げかけている。なぜありのままの自然を自然であるからというだけで愛する必要があるのだろうか、と。自然界では大きな魚は小さな魚を食べる、わたしは必死になって自分を守る。これがわたしの自由なのだろうか。いいかえるなら、事物のありのままの状態を知れば自由になるというあらゆる考えの根底には、わたしを超越した必然性を前にしての途方もない形而上学的な尊崇の念が存在しているのである。事物の状態はこのようであり、このようでしかありえない。わたしはこのことに満足しているし、満足しなければならないというわけなのだ。だが、なぜわたしは満足しなければならないのか。「真理はあなたがたを自由にするだろう」という言葉は、「真なるものがわたしを自由にする」ではなくて「わたしを自由にするものが真なるものである」に転化すべきではないのだろうか。

2　永遠の饗宴

わたしはハイデガーにこういったことのすべてを読みとる。ハイデガーの実存分析は投企という観念をたずさえており、ものを道具と同一視する。これは「真理はあなたがたを自由にするだろう」という言葉を「あなたがたを自由にするものが真なるものである」という意味に解釈していると言ってよい。ひとたびこの前提が立てられたなら、そこからは、わたしを自由にするものは、わたしの力となってわたしを駆り立て、実現したい計画を案出するよう呼びかけるものである、という帰結が導き出される。要するに、これは真理をつうじての解放の計画なのだ。そして、「解放される／自由になる」というのは事物がどのような状態にあるのかを認識することではまったくない。それでは、なにを意味しているのだろうか。

わたしがもはや真理の概念を福音書の愛徳（caritas）*と切り離して考えられない理由は

ここにある。わたしに考えられる唯一の解放は、どこまでも愛徳をもって生きつづけるということである。他者の言うことに耳を傾け、他者と対話を交わして応答しながら、永遠の生を享受するというのが、唯一考えられる解放なのだ。聖書では、永遠の生は客観的な真理を幾何学的に観照するというよりも、基本的に饗宴のようなものであると考えられている。ただひたすら神を永遠に観照しつづけることに、なんの意味があるというのだろう。

＊ 信徳・望徳とならんで、三つの対神徳のひとつをいう。

こういったことがどのような根拠になりうるのかはわからない。しかし、このタイプの解放の計画のほうが、事物の状態を知ることにもとづいた解放の計画よりも、たしかに理にかなっているのではないだろうか。事物の状態を知ることが正当化されるのは、ハーバーマスのいう戦略的な知としてでしかない＊。事物の状態をわたしが知らなければならないのは、ある計画のためなのだ。そうでなかったなら、それを知ってなんの役に立つというのだろうか。ハーバーマスが実質的にコミュニケーション的な知のほうを選好しているのは偶然ではない。ハーバーマスはけっして受けいれないだろうが、コミュニケーション的な行為は愛徳の体験とほとんど異ならないのだ。客観的な真理がわたしに役立つのは、どのようにすれば他人ともっとよく折り合っていけるのか教えてくれるからである。わたしはもはや真理をこのようにしかとらえることができない。それが科学的真理にとりわけ敵対的な姿勢であるとも思わない。

＊ ハーバーマス『コミュニケーション的行為の理論』（一九八一年）参照。同書において、ハーバーマスは言語的な相互行為を「コミュニケーション的行為」と「戦略的行為」に分類している。コミュニケーション的行為においては、複数の発話主体が相互的な理解を志向する。これにたいして、戦略的行為は、かならずしも相手との相互的な理解を求めることなく、相手を自分の言語的行為に従わせて目的を合理的に達成しようとする。ハーバーマスによると、コミュニケーション的行為によって「解放的な民主化」の社会進化のプロセスが進み、戦略的行為によって「効率的な目的処理」の社会進化のプロセスが進むという。

そうだとしたらわたしたちは結局たがいに別の話をしていることになるのではないか、と異議をさしはさむ人がいるかもしれない。人びとが友愛とか良好な雰囲気のなかで交わされる談話と呼んでいるものをあなたは真理と呼んでいる、と。だが、じつをいうと、この友愛にかかわる分野でも真理という言葉を保持しつづけ、真理について語るのには、それなりの理由があるのだ。両者を切り離してしまうと真理には二つの体制があることを認めざるをえなくなる。そして、客観的で、事物に適合した、科学的な真理は不道徳的で冷酷きわまりないと見なすことになりかねない。愛徳や価値としての真理について語ることができるのは精神科学の分野だけであって、自然科学の分野ではそんなことを語っても無意味だと認めることになってしまうのだ。だが、ほんとうに無意味であるのなら、わたしはなぜ自然科学を学ぶのだろうか。それは自然科学で問題になっている論点にかんしても意見を交わしたいと願っているからにほかならない。いうまでもなく、これこそがいちばん分別ある理由なのだ。

3　吸血鬼は存在するか

真理を探求する者はどんな真理でもかまわずに探求するというのは、真実ではない。ブレヒトに有名なたとえ話がある。たしか「真理を書く者にとっての五つの困難」〔一九三四年〕だったと思う。このたとえ話をわたしは一九六〇―七〇年代のストライキ中によく引き合いに出したものだ。もしだれかがストライキ中の群衆の面前で二足す二は四であると言ったら、人びとはヒューヒューと不平の口笛を鳴らすだろう、と。いまの場合、このたぐいの真理がなんの役にも立たないことはいうまでもなく明らかなのだ。吸血鬼は存在するのだろうか。存在するかもしれない。が、吸血鬼が存在するというのが真理だとしても、そんな真理はいまのわたしには関心がないことである。しかしまた、わたしがそんなことに関心がないとしても、それは吸血鬼が存在しないことを証明したいとわたしが思っているということを意味するものでもなければ、吸血鬼が存在するかしないかを知ってみたところでなんの役にも立たないということを意味するものでもない。

　したがって、「わたしは真理にのみ関心がある」と言う人はだれでも、じっさいには選択をおこなっているのであり、複数存在する真理のなかからなんらかの真理を選んでいるのである。そして、このことは実験科学の客観性をめぐってわたしがつねづね思案してきた問題と結びついている。科学研究のなかにはどれほど頻繁に相対的重要性の概念が入りこんでいるか、という問題がそれである。実験室で実験するときには、アルファ・ケンタウルス*の及ぼす電子工学的インパルスから実験を防御しようなどと考えないが、それはそのインパルスが取るに足らないものであると想定しているからである。だが、今日はまだわかっていないアルファ・ケンタウルスのなんらかの影響によってじつは多くの科学的成果が無効になってしまっていたことが明日には発見されるかもしれないのである。そうではないとだれが断言できるというのか。これはほんの一例にすぎない。そして、諸条件（付随要因とそれらの及ぼす効果）のこのような探査自体も、科学がつぎつぎに獲得していく成果のひとつにほかならないと言えるのかもしれない。だが、ここでもまた、このことがわたしたちに想い起こさせるのは、歴史が介入してきて、科学のもっとも確実な成果さえ修正し、その成果についてのわたしたちの利用の仕方にも変更をくわえるということでしかない。

＊ アルファ・ケンタウルスというのは、ケンタウルス座のアルファ星が肉眼ではただ一つの星のようにみえるが、望遠鏡で見てみるとベータ星との連星システムをなしていることがわかる現象のことをいう。

当然のことながら、こういったことのすべてはわたしをローティから遠く離れた場所にまで連れていく。ローティは最近もまた「真理は存在しない」というテーゼを弁護した(1)。その厳密な意味は「真理を研究が可能な対象として見てはならない」ということだというのだ。このローティの言い訳は、これ以外の彼の立場もそうであるが、犬の後ろ脚をまっすぐにしようとする〔できそうもないことをやろうとする〕ようなものだと思う。なんでもきちんとしなければ気が済まないというのは、分析的思考に特有の強迫観念である。ローティがそのような強迫観念にとらわれている同僚にたいして、真理に触れずにどうやって語るのか、見てみたいものである。他方、「真理は存在しない」というローティの主張は彼の自任するプラグマティストの立場とも矛盾しているように思われる。「真理は存在しない」というのはプラグマティズムからすれば拒否してしかるべき典型的な言葉なのだ。また、〈存在〉の歴史の観点に立つわたしにとっても清算すべき言葉である。わたしは日常言語の内部にあって思考している哲学者であるが、真理を語る言葉を日常言語によってつくることができるなどと主張するつもりはさらさらないからである。真理の不在にも応答しようとするつもりの真理の名においてであるなら、なおさらである。

いいかえるなら、「真理は存在しない」という命題も、いうまでもないことながら、真理が存在しないということにかんしてのひとつの記述的、客観的な真理であらざるをえない。したがって、その命題を認めることには明らかに矛盾があるのである。

ところが、この矛盾の効果がてきめんに現われ出ているような日常言語が存在する。そのような日常言語をこそ考慮してみてしかるべきではないかと思われる。神が死ぬように真理も死ぬ、とわたしははっきり言える。そして、キリスト教で神の死（そして誕生）は神のひとつの側面であり、神の本性の一部をなしているのとまったく同じように、矛盾した真理の死も真理の本性の一部をなしているのである。

その場合には話は完全に変わってくる。その意味を理解しなければならない歴史がある。なにゆえに今日真理という言葉の用法が変わったのか、「わたしたちはもはや真理をもたない」がある意味真理であるのはなぜなのか、その理由をわたしは説明しなければならないのだ。〈存在〉の歴史はもろもろの出来事でできあがっている。しかし、それらは手でひと払いしたらどこかに吹っ飛んでしまうような「偶発的な事故」ではない。それらは〈存在〉の性起なのだ。真理も、その歴史とともに、こうした〈存在〉の性起のひとつなのであって、振り払おうとしても無理なのである。

（1） Cf. R. Rorty, *Truth and Progress*（Cambridge University Press, Cambridge Mass. 1998）.

哲学への召喚と哲学の責任

Vocazione alla filosofia e
responsabilità della filosofia

1　新聞に寄稿すること

知られているように、わたしは新聞にも寄稿している。これは「職業的な」哲学者たちには哲学を汚す行為と映るらしい。じじつ、もっと多くの稼ぎを得たいということで書きはじめ、その後イデオロギー的な理由をつけて自分を正当化したり、それほど軽蔑すべき生業でもないことがわかって寄稿しつづけるというのが、大方のようである。現にわたし自身にかんしていえば、大学で教えるのと新聞にコラムを書くのとでは、両者の行為のあいだにさして違いはない。

今日では、メディアに文化人が登場することは、通常、その学問的権威がもたらす高い社会的評価をつうじて正当化されている。レヴィ＝モンタルチーニ*が倫理＝政治的な意見を述べるとき、自分が専門とする科学の話をしているわけではない。けれども、彼女がノーベル賞受賞者であることがわかっているものだから、たとえばだれに投票すべきか質問したりするのだ。しかし、レヴィ＝モンタルチーニに個人的に反感をもっているわけではないが、こういったことはたいていばかげてみえる。純粋数学者にはえてして専門ばかとしか言いようのない、人生について非常識きわまりない意見を述べる連中がいるものなのだ。

＊　リタ・レヴィ＝モンタルチーニ（一九〇九―）は、イタリア人神経学者。一九五二年、米国のセント・ルイス・ワシントン大学で神経細胞牙を発見したことで、一九八六年に同僚のスタンレー・コーエンとともにノーベル生理学・医学賞を受賞。二〇〇一年にはイタリア上院の終身議員に任命されている。

だが、哲学者にかんするかぎり、事情は異なるのではないかとわたしは考えている。いずれにせよ、わたしについていうなら、「オピニオニスタ」＊と時にばかにして呼ばれることの仕事をする資格がとくにわたしにはあるように感じている。哲学者というわたしの職業にぴったりだし、専門分野で挙げた業績のおかげで世間からその筋の権威者と認めてもらっているからである。この点を強調しておくことはとても大切だと思う。哲学のとらえ方や哲学者の責務と考えられるものと直接関係するからである。

＊　オピニオニスタ（opinionista）とは、メディアに登場して政治的・社会的な問題について解説する評論家のことをいう。

わたしはというと、救済に役立ちたいといつも思っていた。ただし、わたし個人の救済のことではない。わたしは何度となく自分に言い聞かせてきた。哲学教授をしっかりやりとげなければならない、それがわたしの仕事なのだから、と。だが、「それがわたしの仕事なのだから」とは、とどのつまり、「わたしはだれかに奉仕するのだから」という意味である。わたしは哲学の勉強を始めてからずっと自分を教育者であると感じてきた。そしてたとえば大学で教えたいと願ってきた。わたしは当時、カトリック行動団に参加していて、年下の青年たちにボランティアで教えていたのだ。

わたしは折あるごとに講演を引き受けてきた。高等学校の三年のころからジャック・マリタンの『統合的人間主義』*について話をして回っていた。このようにしてわたしは哲学へと召喚されていったのだった。だが、わたしの哲学的実践の核をなしていると思われるもの、わたしが身をもって参加し訓練を積んでいるものは、哲学が宗教と出会う場所に潜んでいる。このことは哲学のスタイルや書き方に決定的な仕方で反映しているのではないかと思っている。

＊　ジャック・マリタン（一八八二―一九七三）はフランスのカトリック哲学者。『統合的人間主義』は一九三六年刊。

2　一人称で書くこと

わたしは「学術論文（trattato）」でないスタイルで書き始めただけでなく（学術論文スタイルで書いたほうが適当と思われる場合でもうまく書けないことがしばしばある）、一人称で書くというスタイルで書き始めた。そして、書き方について何度となく反省を重ねて、ようやく書きあげることができたのが、最近刊行した『信じていると信じること』なのだ。わたしの書き方に文体論的にみて近づきやすいものが感じられるとしたなら、それはある種宗教的な親密さからくるのだろう。しかしまた、その親密さ自体をわたしはなんらかの仕方で哲学に結びつけてもいるのである。将来これまでとは違った書き方をするようになり、おそらく違ったかたちで哲学するようになる可能性はもちろんある。この点についてまだ確信がないのは、心の奥底では自分の個性といったものを信用していないからである。わたしは総じてパーソナルなものを信用していないのだ。弱い思考（pensiero debole）は、およそいっさいの主観的な誇張、過度に私的で情緒的なあらゆる表現にたいして判断を留保するよう、わたしに指示する。デリダが「わたしたちはここにいる。この島にいる。……わたしたちは旅路のはてにこの島にやってきたのだ。……(1)」というような観察でもって書き起こすと、わたしはとても困惑させられる。ローティの見方(2)とは逆に、わたしはデリダの哲学スタイルに見られるパーソナルな面をあまり評価しない。この点にかんしては、デリダを否定的な意味で文学的であると非難せざるをえない。ただし、言っておかなければならないのは、総じて彼のテクストの冒頭の部分だけがこの欠陥をもっているということである。それ以降の記述は、わたしを十分に満足させてくれる。パーソナルな口調で書き起こしているのは、彼にとってある意味ヴィトゲンシュタインの梯子*のようなものなのかもしれない。わたしはそれを弾劾する気はまったくない。

＊『論理哲学論考』の命題六・五四を参照。「読者は梯子を登りきったあとはその梯子を捨ててしまわなければならない」。

じじつ、文章を書き始めるときには、どう書き始めればよいのか、いつも困惑を覚える。そして解釈学は先入観念をはっきりと主題化することによってその困惑にうち勝つよう教えている。取り組みたいテーマについてすでに知っていることを明確にし、取り組むようになった動機もはっきりさせる必要があるというのだ。しかし、たしかに心理学的・知識社会学的な考察によって困惑は容易に清算されるかもしれないが、すべてがほんとうにこれらの外的な要因に還元されるとは思わない。そこで解釈学は始まりのもつ意義を別の仕方で表明するよう、わたしたちに呼びかける。

じつをいうと、わたしたちがわたしたちの仕事において最初に取り組まなければならないのは、なによりもまず、そして大方の場合、まさに始まりの問題なのだ。しかも、この問題は時と場合によってたまたま取り組まなければならなくなるような問題ではなくて、ことがらの本質にかかわる根本的な問題である。哲学は今日でもなお依然として始まりの思想である。「二次的な」知の体系全体を支えている第一次的な根拠の思想なのだ。そして、二次的な知自体も哲学的な意味と次元をもつのは、そこで問題となるのが、望もうが望むまいが、つねに始まり（との関係）の問題でもあるかぎりにおいてのことなのだ。

ところで、わたしが「書き始める」にあたって覚える困惑と呼んだものは、心理学的なものなどではさらさらない。ことのほか哲学的な性質の困惑である。それはわたしたちが実存的存在であることに起因する困惑である。実存の現実性のうちにあって思考がパーソナルであると同時にインパーソナルであることが困惑を覚えさせるのだ。いいかえるなら、キルケゴールが始まりをめぐるヘーゲル的な問題設定を批判するとともに定式化しなおしたさいに思い描いていたのと同じ状況にわたしたちは直面させられているのである。この観点からすれば、一人称で書くということは、大方の場合、始まりの問題が存在するということを言明するもの以外のなにものでもない。なにを語るのか、またどのように語るのか、その恣意的（パーソナル？）であると同時に必然的（超パーソナル？）な本性を明確にしようとするもの以外のなにものでもないのである。

3　政治への転落

わたしにとって一人称で書くということは、ある共通の計画のなかで自分を問うことを意味している。ローティがデリダを批判して述べているように「パーソナルな想像の世界に閉じこもる」ことや、哲学をアルド・ガルガーニ*が「わたしたち自身の再定義」と呼んでいるもののためのテクスト的実践だけに還元してしまうことを意味するものではないのである(3)。そんなものは無視してしまってもいっこうにかまわないのだ。新聞への寄稿について述べたことが、ここでも当てはまる。哲学においてはつねに政治的な善が問題になる。あくまでも政治的共同体が問題なのであって、それが哲学を教えることをも哲学について新聞に寄稿することをも正当化するのだ。さらには哲学を政治へ転回させることも正当化するのだと思う。今日わたしが直面しているのは、この最後の転回である。

＊　アルド・ガルガーニ（一九三三－二〇〇九）はヴィトゲンシュタイン研究で知られるイタリアの哲学者。一九七九年に刊行されて論議を呼んだアンソロジー、『理性の危機』の編者でもあった。

この転回をデリダと文学の関係についてのローティのとらえ方と同じような仕方で理解すべきであるとは思わない。哲学の客観的・歴史的な危機を脱するための埋め合わせ的な手段だとは考えていないのである。また、哲学から他の人間科学や文化的実践に移行するのは一種の転落ないし責任逃れとみる向きもあるかもしれない。かつてルイージ・パレイゾン＊は、担当していた学生が歴史で卒論を執筆するコースに移ったとき、残念そうに「彼は歴史に転落したよ」と言ったことがあった。パレイゾンは今日のわたしを見てなんと言うだろうか。政治に転落してしまったと言うのではないだろうか。だが、わたしはその判断に同意できない。

＊　ルイージ・パレイゾン（一九一八－一九九一）はイタリアの哲学者。専門は美学と解釈理論。トリーノ大学でヴァッティモやウンベルト・エーコの指導教授でもあった。

わたしの場合には、明らかに最初からずっと態度が一貫していた。そもそも哲学の勉強を始めたのも、人間を変革し解放しようとするプログラムに魅せられていたからだった。これはわたしがプロレタリア階級の出であることと関係しているのかもしれない。プロレタリアは、世界を変えないかぎり、ほんとうに自分の生活を変えられるなどと想像もできないのだ。親が裕福な弁護士の人なら、自分も弁護士になりたいとわけなく言うことができるだろう。だが、南部のしがない巡査の未亡人が親であれば、子どもが自分の置かれている境遇に不満をいだいて根本的な社会変革をもくろむようになるのはほとんど宿命と言ってよい。

それはさておき、わたしは十二歳のころ冒険小説を読んでいて、自分は何者なのか意識するようになった。答えは簡単だった。自分が解放をめざす歴史的な事業にたずさわっている姿を思い描いて、一九四六年には共和制を勝たせたいとおもい、一九四八年にはキリスト教民主党を勝たせたいと考えたのである。当時わたしはまだ十歳と十二歳だったが、イタリアでなにか重要なことが問題になっていると気づいていた。戦後の再建よりも、信仰心の厚い人びとが政治的な事業に熱心にかかわっているのが、なによりも重要であった。そして、その時代にあってはキリスト教民主党がそれなのであった。なるほど、キリスト教民主党はその後すっかり変わってしまった。けれども、当時は人びとの宗教意識と政治的な事業が密接に結びついていたことは一目瞭然であった。

宗教的な観点からすれば、このような展望には多くの欠陥があった。たとえば、それはあくまでも道徳主義的なものであって神秘主義的なものではなかった。しかし、まさにこのような展望のもとで、哲学者としてのわたしは誕生したのだった。わたしが哲学者になったのは、哲学者になることがこういった話を大学の教員というかたちで続けていける方法であると考えたからにほかならない。わたしはアリストテレスにおける行為の概念をテーマにした卒業論文(4)を書いたが、それはパリサイ派に対抗して新しいキリスト教的ヒューマニズムを建設する事業に自分がたずさわっていると感じていたからなのであった。これはウンベルト・エーコも聖トマスの美学を専攻したときに抱いていたプロジェクトであった*。

* ウンベルト・エーコも同じくパレイゾンの指導のもとでトリーノ大学に聖トマスの美学にかんする卒業論文を提出している。Cf. U. Eco, *Il problema estetico in San Tommaso* (Edizioni di Filosofia, Torino 1956).

それでその後はどうなったか。近代的なものについて批判的な思想家たちとの親近性を深めることとなった。これは当然のなりゆきでもあった。どうしてまた、アリストテレスを研究していた者がその後ニーチェを研究するようになったのか。わたしがアリストテレスを研究したのは、自由主義的・個人主義的・幸福主義的な近代に取って代わりうる道を探し出したいという意図に発してのことであった。だとすれば、そのようなわたしがやがて近代個人主義の批判者たちと出会うこととなったとして、なんの不思議があろうか。

このように哲学へ召喚されていったのには、おそらく、どこかプラトン主義的なところがあったのだろう。プラトンはすぐれて政治的な哲学者である。そのプラトンがプラトニズムの哲学者、純粋理論、哲学における数学主義の哲学者でもあったという事実は逆説めいてみえるが、偶然のことではないとわたしは思う。いずれにしても、どうやら哲学の使命はポリスと密接に関連しているようである。哲学はほかでもない、ギリシアによって開かれた「政治的」コンテクストのなかで誕生したのだった。そして、西洋の外へ哲学を探しに出かけたら、見つけるのに相当の無理をしなければならない。たとえば、ヴェーダ〔古代インド・アーリア人の聖典〕、ヴェーダーンタ〔ヴェーダ終章とそこでの最終教説〕、ウパニシャッド〔ヴェーダ聖典の一部をなす秘伝的文献〕は、はたして哲学なのだろうか。哲学はさきに述べた意味での歴史的な学であるばかりではない。ある特定の文化の歴史、そしてまたある特定の歴史的な文化とともに生まれて、たぶんこの文化とともに死んでいくという意味においても、歴史的な学なのだとわたしは確信している。

フッサールの保証金とでも言ってよいものがある。なにかが生まれたなら、それはかならずしもすぐ死ぬわけではないのである。ひとたび医学が誕生したなら、人びとはもう呪術師のところへ行かなくなるだろう。これは自然的な当為ではなくて歴史的な当為である。歴史に忠実であるべきであるということなのだ。しかしまた、わたしたちは自然についてはたいして知っているわけではない以上、歴史こそはわたしたちが所有している唯一の知識でもあるのだ。

4　哲学者としての政治

哲学とポリスとが互いに結びついたものであることが明確であるのなら、わたしが理論的なタイプの活動に魅力を感じながら、同時に、理論的な活動とジャーナリズム的な仕事とのあいだに矛盾を認めていないのはどのような意味においてであるのかも明確であるにちがいない。そして、総じて哲学史のわたしのアカデミックな同僚たちはまさにこの点でわたしを非難し、根底においては理論的である関心まで「ジャーナリスティック」と呼んできたのだった。こうして理論的活動はまたもや下位ディシプリンへと特化されてしまう。論理学か認識論だけを研究していても理論家になれるのだ。だが、この分野を専攻するようになった理由や、自分を突き動かす政治的関心の存在を忘れてしまったなら、宗教的な関心、一般に人間の解放に向けての関心は、フッサールの指摘した「ヨーロッパ的諸科学の危機」をふたたび生み出す結果となってしまうのではないだろうか。またしても理論的活動は（良くても）たんなる文学的な実践、芸術的・哲学的な実践、あるいは（多くの場合には）自分の利害と権限を追い求めることが自己目的化した個人主義的な実践でしかなくなってしまう。

哲学、政治的プロジェクト、歴史性、理論的活動、解放――わたしにとっては、これらは同一のことがらを意味している。このために互いの関係が少なからずむずかしくなるのはたしかである。そしてこれは哲学者という職業についてのわたしのとらえ方にも影響をおよぼしている。哲学者という観点からみた場合には自分のスタイルには多くの限界がある、とわたしも思う。だが、わたしのおこなっている哲学的実践は、考えるに、「専門的」ではなく「アカデミック」でもない選択や立場を数多く示唆してくれてもいるのだ。

心にとめておくべきことがひとつある。純粋政治の使命と、わたしが記述しようとしている政治志向的な哲学の使命とは、どこかが違っているのだ。哲学者として政治をおこなうようにとの召命、政治の専門家および職業政治家としてではなく、哲学者として解放の事業を遂行するようにとの召命は、わたしにとって、もっと普遍的な選択をおこなうことを意味している。状況へのコミットメントこそ間接的で、すぐさま政治的・立法的性格の成果となって具現されることはないが、よりいっそう教育的であるような選択をおこなうことを意味しているのだ。哲学者として政治をおこなうという選択には、人類の教化という理念、もろもろの構造の変革よりもまずは人間の変革を推進しようという理念が大きくかかわっている。わたしの民主主義は直接無媒介に政治をおこなうよりはむしろこの方向をめざす。きみが民主主義者なら、理論と呼ばれているもの、さまざまな理念や文化的な姿勢をこそ生み出すべきなのだ。

いうまでもなく、こういったことのすべてには多くの生活上の偶然が混ざりこんでいる。わたしたちは多かれ少なかれ出会いと機会の歴史のなかにあって生活している。だが、基本的には、わたしが述べたような政治志向的な哲学の仕事と本来の政治の仕事とのあいだに存在する相違点と類似点を指摘するのは容易である。

なによりもまず、哲学の場合には、現在についての明確に批判的な意図が存在する。これにたいして、政治は日々の選択、年々の選択と結びついており、必要に応じて立法に立法を重ねていかなければならない。このため、政治においては、しばしば、懐疑の言説は封印されてしまっていると想定せざるをえない。そして、蓋然論者であるよりは決断論者であらざるをえず、理論家であるよりは実利家であらざるをえない。

しかしまた同時に、わたし自身はつねづね政治家の味方を自任している。ひいては、政治家とまったく別のことをしているとは思っていない。ただ、当面の直接的な状況にたいしては、見方にずれや距離があった。そして、告白してもよいだろうが、ある意味では、この距離が哲学者の特権的な立場を保証してもいるのだった。きみが首相だったら明日なにをするつもりかという問いにたえず答えなければならないだろう。しかし、そんなことに気をもまなくてよいのなら、首相より心おだやかに生活できるのは言うまでもない。どうやら、めざす方向は同じであるが、仕事をするレヴェルが違っているようだ。一九六八年に学生らに大学を占拠されたとき、「ぼくは学生たちよりもずっと革命的なんだ」とパレイゾンは言ったが、わたしには彼がなにを言いたいのかが完全にわかっていた。そしてわたしも彼と同じように感じていた。わたしたちはハイデガーを読んでいて、形而上学は終焉させなければならないと考えていたからである。これもそれなりに根本的な変革のプロジェクトだったのだ。

パレイゾンにはまた、もろもろの精神活動は専門化されてこそ真価を発揮しうるという理論もあって、それがいま述べた観点を正当化するのにうってつけの役目を果たしていた。彼にとって、純粋の行為、純粋の形式性として特化される行為は芸術であった(5)。しかし、ディルタイもそうであったように、パレイゾンは精神の生の統一性の存在を想定していて、精神の生は個々それぞれに特殊化され専門化されたかたちでいとなまれながらも一定の連続性を保持していると考えていた。こうして、きみは芸術に専念するなかできみの精神性のすべてを表出するのである。同様に、政治や哲学に専念するなかでもきみの精神性のすべてを表出するのであって、両者のあいだに違いなどないのだ。したがって、根底にあるのはあくまでも精神の生の統一性を維持するという理念なのだが、ただその場合、ひとは自分の能力には限りがあることも知っているので、自分が専門とする分野を限定することを選択し、それを受けいれるのである。

ディルタイが歴史叙述や芸術は自分の専門分野を選択したことにともなう制限を打破するための仕方であると言うとき、言わんとしていたのはつぎのことであった。すなわち、精神の生は全体的なものであるということ、それはきみがきみの選択した専門分野のうちにとどまりながらも、なんらかの仕方できみの前に呼び出す、きみの置かれている状況のちっぽけさと対比して無限に大きな可能性の総体であるということである。だが、わたしのみるところ、ディルタイはこのテーゼの重要性を理解するにはあまりにも経験論者でありすぎた。じっさいにも、彼は可能性のヴィジョンを描き出す力をもっぱら構想力に求めようとしている。彼にとっては、構想力こそが精神の生の可能性の総体を把握する能力なのであった。これにたいして、ハイデガーにはそれ以上のものがある。ハイデガーは、もろもろの存在者とは区別された〈存在〉について考察するなかで、限定された状況を事実上突破してみせているのだ。

5　命を失う

精神の生の統一性という考えは、ここまで述べてきたことの多くを正当化してくれる。わたしは「命を救うためには、命を失わなくてはならない」という福音書の言葉*を胸に育みながら成長してきた。「今夜は出かけないよ。興味もないし、出かけるべき義務もないから」と言ったのではあんまりではないだろうか。これではまるで「わたしが何様であるのか知らないのかい」と答えているようなものである。来てほしいと言われて、平然と断るなど、わたしにはとうていできない。「出かけられない」と言うのは、同じ時刻に別の用事があって、どうしても出かけることができない場合だけである。しかし、その場合でも、「出かけるべき義務もない。わたしの専門ではないから」とは断じて言えない。そのような言い分はあまりにも自分勝手な言い分、あまりにも尊大で、いささか滑稽ですらある言い分ではないかと思う。

＊『新約聖書』「マタイによる福音書」一〇・三九、一六・二五、「マルコによる福音書」

八・三五、「ルカによる福音書」九・二四、一七・三三、「ヨハネによる福音書」一二・二五参照——「自分の命を救いたいとおもう者は、それを失うが、わたしのために命を失う者は、それを救う」。

こういったことはすべて、イタリアの哲学教育の現状のもとにあっての哲学の使命という問題と直接関係している。たとえば、哲学教師のなかには、過度の呼びかけ、社会参加への過度の要請に身の危険を感じているためだろう、象牙の塔に閉じこもって哲学の歴史をたどりなおす仕事に専念している者がいる。彼らの心情はわたしにもとてもよくわかる。象牙の塔に閉じこもっていると、たしかに心が安まるのだろう。専門家でいることはきっと気分がいいのだろう（もっとも、ここまで見てきた事例からは、そうとはとても思えないのだが）。

この一方ではしばしば、哲学の特徴は全体となんらかの関係を（時と場合によっては批判的な関係も含めて）結ぶことにあるとも言われる。たとえば、ジンメルは哲学者を「存在の全体を知覚してそれに反応する器官を所有している者」と規定している。凡人はつねに個別に目を向けるのにたいして、哲学者は「事物の総体をつかみとる感覚」をもっているというのだ(6)。それを考えると、哲学が細分化してしまうことには最初から欠陥があると認めざるをえないだろう。わたしが「命を失う」という言い方をするときにも、基本的にはこのことを言おうとしている。

しかしまた、わたしはジンメルのような定義がつねに受けいれられるとも思わない。総じてひとは哲学者として生まれるのではなくて哲学者になるのである。「哲学科に登録する者の大半は、法律学科に申し込みに行ったらあまりに長い行列ができていたから、乗り換えた口だよ」とパレイゾンは言ったことがある。わたしに言わせてもらうなら、これはまじめに受けとめてよい原則である。ひとがどの道に進むかは多くの外的・偶然的な要素で決まる。わたしも、もっと裕福だったなら医学を勉強しているか、出席を義務づけている他の学科に進んでいたかもしれない。わたしが文哲学科に登録したのは、ひとつには、講義に出席して試験を受けることができなかったからである。わたしは働く必要があったのだ。どの道に進むかを決めるにあたっては、無視するわけにはいかない多くの偶然的要素がはたらいているのである。もちろん、パレイゾンがいつも言っていたように、このような偶然的要素が自分の進む道になるのは、きみがそうと判断して引き受けるときである。

6　空虚を埋める

偶然的要素は大概の場合、たんなる端緒にすぎない。その後は、形態の面でも中身の面でも、当初想像していたよりもはるかに必然性に導かれた道筋をたどる。どんな職業でも、偶然性は必然性に転化する、あるいは転化しうるのである。たとえば、その後に発見されたり創造されたりするもろもろの類似性にはどこか決定論的なところがある。ハイデガーの「召命〔呼び出し〕」という概念は神学に由来するものだった。彼が哲学の道に進んだ当初から示していた神学的・宗教的傾向が、後年彼が達成することとなった哲学の型にもきわめて多くの刻印を残しているのである。これにたいして、フッサールはハイデガーとはまったく別種の哲学を実践していた。彼はもともと数学者であった。このことは彼がその後歩む道をも特徴づける。偶然性は必然性に転化するのだ。しかし、たんに漠然と哲学という職業に就くことへと転化するのではなくて、ひとつの文化的・精神的な道に転化するのである。

もともと数学者であったフッサールの哲学はほんとうに「哲学」であったのかどうか、わたしは折に触れて自問してきた。わたしにとって、唯一の哲学、哲学を実践する唯一の仕方は、わたしが宗教と政治から出発して記述してきたものである。それだけではない。哲学を宗教と政治からやってくるものであると考えて実践することは、哲学を他のどんな科学を専門とする職業とも異なったものにしているとわたしは思う。この意味においては、フッサールが『ヨーロッパ的諸科学の危機と超越論的現象学』で述べていることとわたしは意見を異にする。フッサールによると、まずは科学者がいて、それから「人類の公僕」たる哲学者がいるのだという。* これとは逆に、哲学を実践しない者は半分の価値しかない人間(uomo dimidiato)、あるいは「卑しい機械工」** だとわたしは思う。それ以外の人間の条件に寛容なまなざしを注ごうとするあらゆる努力にはどうも偽善者めいたところがある。結局のところ、つねに精神の生の全体を念頭に置いていないかぎり、ひとはだれもまじめに「専門化」することもできないのだ。そしてこれこそは人間のあらゆる生のうちに存在している「哲学的なもの」にほかならないのである。

* フッサール『ヨーロッパ的諸科学の危機と超越論的現象学』第一部「ヨーロッパ的人間の根本的な生活危機の表現としての学問の危機」参照。「人類の公僕」という言い回しは第七節「本書の研究意図」のなかに出てくる。

** 原語は“vile meccanico”である。古典古代以来のヨーロッパの人文主義的伝統においては、「機械的」諸学は頭よりも手に結びつきすぎているという理由で、人間の認識活動のうちでも卑しいものとみなされてきた。このような見方はガリレオの登場とともに大きく転換する。それでもなお、この“vile meccanico”という言い回しは、たとえばアレッサンドロ・マンゾーニ『婚約者』(一八二五—一八二六)の第四章に「臆病な下司野郎」という意味あいの蔑称として出てくる——「退け! 臆病な下司野郎(vile meccanico)! なんなら、騎士への礼儀を教えてやろうか」。

もちろん、わたしは友人の医者や化学者や競輪選手が哀れな奴だと考えているわけではない。けれども、よく思うのだが、哲学をしていない者たちは仕事をしていないときにはなにを考えているのだろうか。鶏の商いを生業としている人は鶏の商いをしていないときにはなにをしているのだろうか。人びとの生活におけるエロスの意義はまさしく仕事が満たしてくれない空虚を満たしてくれることにあるのではないか、と時々考えたりもする。

さて、哲学はきみが特別に考えるべきものがなにもないときに考えるものなのだ。この意味で、哲学の実践は天賦の才能とか召命とかよりもある欠如に対応している。より正確にいうなら、ある欠如の誇大化と制度化に対応している。哲学において「職業的に」思考されるのは、専門化したもろもろの職業が活動を停止しているときに演じられる、実存的な特殊化の幕間劇のようなものである。そのようなときにこそ、精神の生の全体がいっそうきわだって浮かびあがってくるのである。

このタイプの性向が生じるのは、明らかに一定の種類の社会においてのみ、そして特殊な文化的条件のもとにおいてのことである。哲学をするアカデミックな仕事場がなかったなら、この種の職業もありうるかもしれないという仮説が存在しなかったなら、もろもろの特殊的な思考の欠如自体を思考としてきわだたせようなどという考えはだれにも思い浮かばなかっただろう。したがって、ここでもまた、哲学は歴史的な有限性を純粋状態において体現したものであるにすぎない。

わたしは時々自分のことを寄生的存在〔居候〕だと思うことがあるが、たんに皮肉まじりにそう思っているわけではない。いったい政府はいつまで哲学教師に報酬を支払うのだろうか、と真顔で自問しているのだ。たしかに、哲学は「あたりまえの」職業ではない。過去の哲学者たちがレンズを磨いていたのは偶然ではない。哲学には「素人でもやれる仕事ではないのか」という疑いがつねに付きまとっている。これがこの職種を不安定にしている。『ヨーロッパ的諸科学の危機』の問題、すなわち、精神の生の全体との関係のなかでみずからの専門性を維持するという問題は、どの職業にも付随的には存在しているにしても、哲学においては構造的な問題なのだ。

7　普遍性の構築は政治的な仕事である

しかしながら、このような専門化と非専門化にまつわる問題について反省をめぐらせていると、人類の一万分の一パーセントだけを相手に語っているのに気づいて慄然とした想いに駆られる。世の中には専門化の問題など生じようもない人たちがいる。彼らにとっては、どんな仕事でもいいからありつけるかどうかが肝要なのだ。世の中には非熟練労働者が無数にいるが、彼らは日々どう食いつないでいくかということだけにあくせくしていて、教養・自己形成（Bildung）などといったことにはてんで関心がない。わたしの叔母は靴下工場の女工だったが、「専門化」といわれても問題の意味すら理解できたか疑わしい。

人類の大多数の生活は、精神的には宗教と性欲とでいっぱいである。魂は来世も生き永らえられるのだろうかということとヒトという種は生き残れるのだろうかということが唯一の関心事なのだ。人びとが飢えで死んでいる村々では、専門化にまつわる問題など、なんの意味があるというのだろう。じっさいにもわたし自身、自分の省察がごく狭い地平に縛られているのを思い知らされて驚くことがしばしばある。「命を失う」話をしているわたし自身、じつは自分だけを相手にするか、他の部署の国家公務員とか専門職従事者とかフィアットの労働者とか、わたしの職種と似かよった人たちだけを相手に語っているにすぎないのである。ルンペン・プロレタリアートや未開の民族やカルカッタの路上に坐っているインド人たちは、わたしが語っていることといったいなんの関係をもちうるというのだろうか。

そもそも、自分が哲学の話をするときには世界のほんの一部分にしか関係のない話をしているのであって、それ以外のなにものでもないのだ。哲学が普遍的な言説であろうとしているというのは、そのとおりである。これは正当な願望であり、当然そうあってしかるべきである。だが、現実にはそうではありえない。全体的なものがおよぼしうる圧力、精神の生の全体性がおよぼしうる圧力とは、このようなものなのだ。

たとえば、カルカッタの路上に坐っているインド人がかかえている問題とわたしはいつ関係するようになるのだろうか、雨はいつになったら降り、いつになったら止むのか、なにか食べるものはあるのか――こういった問題と、わたしが構築しようとしている普遍性はどんな関係にあるのだろうか。わたしの考えはフッサールがシャーマンと医師の関係について語るときに考えているのと少しばかり似ている。彼らも自分たちの生活をわたしの生活と比較してみるだけの能力を身につける必要があるだろうと考えているのである。そしてそうした能力を身につけたなら、彼らはわたしの生き方のほうを選ぶだろう、あるいはともかく、わたしやそれ以外のさまざまな自覚の形態と対話することのできるような自覚のタイプを選ぶだろう、とわたしは固く信じて疑わない。わたしは未開の民族よりも自分のほうが進化しているとは思っていない。けれども、わたしのほうでは彼らと意思疎通を図ることができる。相異なる文化とのコミュニケーションの可能性について想像してみることができる。このことだけでも、自分は特権的な立場、彼らよりも優位な立場にあると考えている。

普遍性が構築されなければならないという考え、普遍性の構築こそが哲学の任務であり計画であり統整的理念であるという考え、カント以後の哲学的文化全体の拠りどころとなっているこの考えは、あるひとつの政治的な計画と厳密に結びついたものであらざるをえないとわたしは思う。じっさいにも、それは意図と効果のあらゆる面において政治的な構築であることを要求しているのである。この考え方はヨーロッパが産み出したものではあるが、ヨーロッパ中心主義的な考え方ではない。客観的な意義をもつ考え方なのだ。わたしたちは現在、テクノロジーの普遍性という問題をかかえている。テクノロジーの普遍性には、西洋においてテクノロジーの発達を可能にしてきた価値の地平から離脱して世界中に拡大していく力がある。これは脅威以外のなにものでもない。西洋ではテクノロジーの発達はデモクラシーの発達と分かちがたく結びついていた。ところが日本人が電子工学技術は自分のものにしながらデモクラシーは自分のものにしなかったとしよう。そのときには本来の意味での哲学的な問題が提起されるのである。

哲学にはなすべきことがたくさんあるとわたしは信じている。そういった意味では、ヨーロッパ議会はこのタイプの仕事を遂行するのに理想的な場所なのだ。* 立法上のプログラムよりは習俗と文化の変革の可能性に多くの期待が寄せられているからである。なるほど、ヨーロッパ議会での議論が比較的中身のないものに終わっているのには、時として当惑させられる。もっぱら宣言を発するためだけに、あたら多くの資金が費やされている。けれども、よく見てみれば、哲学の場合もこれと同様であることがわかる。日々の政治の次元で直接効果を発揮することはさほどないが、より幅の広い計画を立てて長い時間をかけて変革を達成してくれることに期待はできるのである。これもまた哲学の負うべき責任のひとつである。満足を得られそうになく、苦労ばかりかけられそうであっても、引き受けるべきなのだ。

＊ ヴァッティモは一九九九年からヨーロッパ議会の議員を務めている。

（1） Cf. G. Vattimo et J. Derrida（eds.）, *Annuario filosofico europeo. La religione*（Laterza, Roma-Bari 1995）.

（2） Cf. R. Rorty, "Dalla teoria ironica alle allusioni personali: Jacques Derrida," in: *La filosofia dopo la filosofia*, trad. it. di G. Boringhieri（Laterza, Roma-Bari 1989）.〔本書は *Contingency, irony, and solidarity*（Cambridge University Press, Cambridge, Mass. 1989）のイタリア語訳である。これには日本語訳もある。斎藤純一・山岡龍一・大川正彦訳『偶然性・アイロニー・連帯』（岩波書店、二〇〇〇年）〕

（3） Rorty, op. cit., p. 150; A. G. Gargani, "La vita contingente," in: Rorty, op. cit., p. XXIV.

（4） Cf. G. Vattimo, *Il concetto di fare in Aristotele*（Giappichelli, Torino 1961）.

（5） Cf. L. Pareyson, *Estetica. Teoria della formatività* (Bompiani, Milano 1988, 1ª ed. 1954).

（6） Cf. G. Simmel, *I problemi fondamentali della filosofia*, trad. it. di A. Banfi, riv. P. Costa (Laterza, Roma-Bari 1996), p. 8.〔本書は *Hauptprobleme der Philosophie* (Göschen, Leipzig 1910) のイタリア語訳である。日本語訳は生松敬三訳「哲学の根本問題」『ジンメル著作集6』（白水社、一九七六年／新版一九九四年）〕

解説　弁証法、差異、解釈学、ニヒリズム——弱い思考の強い根拠

フランカ・ダゴスティーニ

思想家のなかには——まずはキルケゴールとハナ・アーレントのことが思い浮かぶのだが——いまだ無規定なものや反理論的なものをただ漠然と矛盾したかたちで擁護するのではなくて、理論的にきわめて明確に規定された根拠をあげて擁護しようとする人たちがいる。事情こそ異なるが、ヴァッティモもこのケースにあてはまるのではないかと思う。周知のように、ヴァッティモは「弱い」思考の立場を選択しようとした。伝統的な哲学的言説を支えてきたもろもろの構造の「緩和」ないし「軽減」を図ろうとした。が、そのような立場をヴァッティモが理論的に選択するにあたっては、それなりの強い根拠、より正しくは必然的な根拠があった。本稿における目標のひとつは、ヴァッティモの「弱い」思考を支えていると考えられるこれらの強い根拠ないし必然的な根拠を浮き彫りにしてみせることにある(1)。

「緩和」とか「軽減」といったカテゴリーは、哲学のコンテクストでは、けっして曖昧

模糊としたカテゴリーではない。いくつかの理論的前提を緩和するとか軽減するというのは、多くの場合、理論をむしろ強化することを意味している（これは、ヴァッティモの立場に立つ鋭敏な批評家たち、とりわけ、カルロ・A・ヴィアーノとエンリーコ・ベルティが指摘したとおりである）*。じっさいにも、「弱い思考」という定式がうち出されたとき、それは論証的な意味というよりは観念連合的な意味をもっていた。「弱い思考」という表現は、明らかに、哲学と政治思想の場で醸成されつつあった不愉快なまでに軽薄で粗野な風土のなかにあって、その風土の生み出した、軽はずみなものではない成果を収穫するとともに、それらの成果を歴史的にもっと意味のあるものにしようとするための標語でもあったのだ。

* Cf. C. A. Viano, *Va' pensiero. Il carattere della italiana contemporanea*（Einaudi, Torino 1985); E. Berti, *Le vie della ragione*（il Mulino, Bologna 1987).

当時（七〇年代末）、ドゥルーズやフーコーといった思想家の鋭敏な知的理解の努力は、低劣で軽薄な耽美主義となにかというとすぐに武器をとろうとしたり武装闘争の必要性をまくし立てたりする安易な政治主義とでできた「混合爆薬」へと翻案されつつあった。こういった事態は、哲学的にはなにを意味していたのだろうか。ヴァッティモの答えは徹底したものであると同時に分別のあるものであった。耽美主義とテロリズムがこのように歴史的に結合した形態を指して、ヴァッティモはハイデガーとニーチェにしたがって「（いまだ完成されていない）ニヒリズム」と呼んだ。弱い思考はこのような事態への哲学の回答（当時可能とおもわれた唯一の回答）として提示されたのであった。

弱い思考はニヒリズムの時代における正しい哲学の様式である。弱い思考とニヒリズムは、ヴァッティモの哲学的立場を理解するために配される必要のある最初の二つのカテゴリーである。しかし、これら二つの項のあいだには軋みが存在することにも、ひとはただちに気づくだろう。ヴァッティモが提示した二つの思想的立場の結びつけ方がなにを意味するかは、ひとえにこの点にかかっているのではないかと思う。ニヒリズム的な気分は、よく見てみると、氷のような情熱であって、内なる情熱から冷たく湧き出てくる。これにたいして、弱い思考のほうは、どんな情熱も、あるいはどんな冷淡さも、やんわりと、だが慎重に計算したうえで否定しようとしているようにみえる。この二つのカテゴリーを単純な弁証法の法則によって接近させてしまったなら、相互に矯正しあうか、どちらか一方を称揚するか、のいずれかに終わってしまう。だが、「軽減」とはそもそもなにを意味するのか、にまで立ち戻って自問してみたらどうだろう。あれやこれやの個別的な理論を弱体化させるのではなくて（この場合にはヴィアーノとベルティのじゅうぶんに根拠のある異議が当てはまることになる）、伝統的に「哲学」と呼び慣わされてきた広大なメタ理論的地平そのものを弱体化させるとはどういうことなのか、と。あるいはこう言ったほうがよいなら、実現されたニヒリズムの時代に特有の哲学の弱さから救済されるためには必然的な（「強い」）メタ哲学的根拠によるしかない、と主張するとはどういうことなのか、と。そこからは、この理論的布置関係についてのひとつの厳密なヴィジョンが生まれてくるはずである。それはことによると過度に柔軟なもの(2)であるかもしれない。しかし、根っこ自体は恣意的なものでも無責任なものでもない。

1　「弱い」

「弱い」という言葉でヴァッティモは基本的に二つのこと、「複数の」と「不完全な」ということを言おうとしているようである。(3)これらは理論的言説の二つの基本的な「批判軸」である。理論の解体がくわだてられるさいの二つのありうる線であって、それぞれ、共時性（多数のテーゼ、多数の「真理」、多数の解釈が、同時に正当である）と通時性（どのようなテーゼ、どのような「真理」も、決定的で最終的なものであるとは言えない）

と定義することもできる。したがって、それぞれ、認識論的相対主義と歴史的相対主義という二つの古典的な相対主義の形態に対応している。

だが、話はここでは終わらない。弱い思考の本質は、それが全分野にわたって結合した相対主義のなんらかの形態であることにあるのではなくて、逆に、もろもろの相対主義が結合して、相対主義を「超えて」別の分野へと導かれていくようなゲームであることにある。この「超えて」こそは、ニーチェとハイデガーをつうじてヴァッティモが問いに付そうとしているものにほかならない。そして、その結果もたらされる（理論を超越した）「理論」も、なによりもまず「超えて」の解釈、哲学的な乗りこえのゲームの解釈として読まれなければならない。哲学における厳密な意味での乗りこえはすべて、第三ないし第四のレヴェルの獲得となって帰結することはけっしてないのであって、乗りこえられたもののなかへふたたび落ちこんでいく。あるいはこう言ったほうがよければ、哲学においては、第二のレヴェルが達成されるやいなや、さらなる乗りこえの試みは第一のレヴェルへふたたび落ちこんでいこうとする傾向にある。こうして哲学の数学は厳密には三つの項からしかなっていない。そのうち第三の項はすでにまたもや新たに第一の項なのである。(4) これはヴァッティモの仕事全体のライトモティーフをなしている基礎的な弁証法である。この弁証法をヴァッティモは現代の哲学思想のあらゆる側面のうちに確認している（とくに本書の五一―五四ページを見られたい）。

じっさいにも、哲学的言説をヴァッティモの言う意味で弱いものにしているのは、真理の複数性と不完全さという二重の照合基準ではなくて、この照合基準そのものもまた不完全であり複数存在しているという事実である。弱い思考というのは、この意味では第三のレヴェルにおける記述である。そして、その意味するところは、ヴァッティモも本書においておこなっているように、『善悪の彼岸』のアフォリズムを引き合いに出すことによってじゅうぶんに総括することができる。『善悪の彼岸』で、ニーチェはつぎのように主張している。いっさいが解釈である（あらゆる事物はこの規則に従う）、そして諸君がわたしに異議を唱えて、これもひとつの解釈だと言うのなら、わたしとしてはなんら反論すべきものをもたないだろう。ただ、それがどうしたというのかね、とだけ言うだろう、と。

全体を総合的に見渡してみるなら、わたしたちは反省の度合いが進展する段階ごとに配置された三つのテーゼを前にしていることがわかる。

まずは

V_0＝「いっさいは解釈である」。

あとにはただちに

V_1＝「V_0もまたひとつの解釈である」。

最後には、弱い思考に典型的な出発点として

V_2＝「ここには、不可避的に、このゲームを自己反駁的なものと考えざるをえないものがある」。

ニーチェによると、いまだ完成されていないニヒリストというのは第一のテーゼのところで停止してしまっている者のことであり、完成されたニヒリストというのは第二のテーゼも認めようとする者のことである。また、ヴァッティモによって理論化されたヴァージョンにおける解釈学的ニヒリズムの典型的な態度は第三のテーゼによって規定される。そのテーゼは言説の次元をたんなる事実についての記述を超えたところへ移し換える。

V_0は、じっさいにも、なにか現実の構造にかかわることをわたしたちに言う。たとえ、

それがわたしたちに言うことが、どちらかといえば、いかなる現実記述のくわだてをも意気阻喪させるものであったとしてもである。

しかしまた、そのテーゼは言説の次元をさらには記述についての記述も超えたところまで移し換える。

ここでV_1によって指示されている超越論的批判のレヴェルは、最終的に、なにかわたしたちが現実を記述する仕方にかかわることをわたしたちに言う。たとえ、それがわたしたちに言うことが、とりわけ、いかなる超越論的記述のくわだてをも意気阻喪させるものであったとしてもである。

じっさいにも、V_2はあらためて事実を記述したものである。それはV_0のタイプなのだ(この意味では、わたしたちは第一のレヴェルに「ふたたび落ちこんだ」ということができる)。だが、ここで問題となる事実はもはやたんなる認識および経験の事実ではなくて、歴史‐言語的な出来事である。ガダマーとディルタイの解釈学がヘーゲルの「客観的精神」に見てとっているものにほかならない。V_2がわたしたちに言っているのは、ニヒリズム、あるいは乗りこえのゲーム（いっさいが解釈である、これもまたひとつの解釈である、それがどうしたというのかね）は、現実、世界、存在についてのわたしたちの経験の様態を言おうとするあらゆる厳密で「完全な」（ニーチェが使っている言葉を借りるなら「完成した」）試みに内在的な必然性として含まれている、ということなのである。

V_2によって反転、あるいはこう言ったほうがよいなら価値の転換が作動することにひとは気づくだろう。「不可避的に〜えないものがある」とは「〜がなくてはやっていけない」、「〜を認めることを余儀なくされている」という意味である。したがって、それは考慮すべき理論的、哲学的な必然性が存在することを意味している。たとえ、その必然性がまったく個別的な必然性であったとしてもである（その必然性はほかでもなく、問題となる解釈がありとあらゆるものであるということから、つまりはテーゼV_0から、「首尾一貫したかたちで」生じてくる）。この点こそはヴァッティモの反基礎づけ主義がポストモダン的・脱構築的な反基礎づけ主義の他の諸形態[5]と根本的に相違する点である、とわたしは思う。このかぎりでは、弱い思考は、あらゆる期待に反して、ルイージ・パレイゾンのキルケゴール主義にふたたび結びつく。パレイゾンはつねに（「哲学以前の」といってよい意味においての）「弱い」思想家の対極に位置する思想家であった[6]。弱い思考の強い根拠、ならびにヴァッティモの哲学的仕事のもっとも提案力に富む面はここにある。

2　フランスのニヒリズムとイタリアのニヒリズム

ヴァッティモは二〇〇〇年という時点における哲学の運命についての問いに答えるのにもっともふさわしい人間のひとりである。それは、哲学の自己理解というテーマがかねてより彼のいちばんお気に入りのテーマのひとつであったからだけではなく、その問題にかんする省察が他に抜きん出て提案力に富んでいて積極的なものであるからである。彼の省察はたしかにわたしたちを勇気づけてくれるのだ。

じっさいにも、わたしたちがV_0、V_1、V_2というように図式化したほとんど自己反駁的な「フーガ」を哲学の終わりの出発点としてではなく、哲学の（なんらかの「新しい」哲学的実践の）出発点として設定すること、（哲学のあらゆる真面目さを否定し、責任をとろうとするあらゆる試みを意気阻喪させてしまっているようにみえる）技術の世界において、真面目で責任ある哲学を遂行するための予備的条件として設定することは、いたって大胆であると同時に繊細このうえない挙措ではないだろうか。それは格別の弁証法的な繊細さに満ちた挙措なのだ。ヴァッティモがとりわけ哲学的な観点からキリスト教に惹きつけられていると感じているのは、驚くべきことでもなんでもない。ある意味では、自分の敵を愛し、雑草がはびこるままにさせておけ、というキリスト教の格率は、――コンテクストそのものはキリスト教から大きく逸脱しているが――ここに恰好の適用例を見いだすのである。[7]

この意味では、ヴァッティモの哲学的計画は、さきにも述べたように「弱い」という用語がひどく曖昧であることや、時々の事情によるその他の理由からして、しばしば、その最良の資質が誤解される危険にさらされてきたと言ってよい。じっさいにも、もしこういったことからたんに理論的言説の強度の緩和という結果しか出てこなかったのなら、苦労も水の泡ということになってしまうだろう。けれども、じつをいうと、『弱い思考』というタイトルの有名な論集が出版された一九八三年以後も、ヴァッティモはみずからの観点をより正確なものにしようと努めてきた。そして、たんに理論の緩和ということしか念頭にない考え方からみずからの立場を区別することに全力を注いできたのだった。

『解釈を超えて』（一九九四年）の第一章「解釈学のニヒリズム的使命」は、この意味で重要なテクストである。弱い思考を選択するさいに正当化の基盤となった地平がどれほど「弱い」ものでないか――複数主義的なものでも無規定なものでもないか――をある程度明確に示してみせているからである。ヴァッティモは解釈学が文化哲学一般に還元しえないことを明らかにしようと努めている。しかも、意外にも、この努力を遂行するにあたって、解釈学の哲学的根源にあるカント主義を強調しようとはしていない（普通なら、新カント派をカントにまで引き戻してとらえることは、歴史と文化の生の哲学をそれらの超越論的根源、つまりは本来の厳密な意味においての「哲学的」根源にまで引き戻してとらえることを意味しているはずであるにもかかわらず）。そうではなくて、逆に解釈学はカント的・新カント派的な客観性概念には還元しえないことを明らかにしようとしているのだ。

ヴァッティモは書いている。「解釈学を文化哲学一般へ還元してしまっているのは、人間存在の（永続的な）「解釈構造」がついに真実ありのままに記述されるにいたるという、（しばしば気づかないまま暗黙のうちになされる）まったく形而上学的な主張である。この主張が自家撞着を来たしたものであることは真面目に受けとる必要がある。そして、「歴史的」という言葉を対象だけでなく主体にも関係したものと受けとったうえで、解釈学の歴史性についての厳密な省察を展開しなければならない。解釈学というのは真理の（地平の）歴史性についての理論であるだけではなく、それ自体が根源的に歴史的な真理なのだ[8]」。見られるように、ここでは、人間存在の解釈構造を記述の対象としてではなく、それ自体ひとつの解釈であると受けとめたところから、「厳密な省察」の条件が立ち現われる。「完成された」ニヒリズムは「二重の面をもった」ニヒリズムなのであって、理論がニヒリズム的であると確認するにとどまらず、メタ理論もニヒリズム的であると認めるところまで突き進む。ここから出てくるのは理論的言説の解体などではまったくなく、明らかに弱い思考の「厳格さ」である。

人間存在およびその認識の「安定した構造」（それらの構造が解釈であれ記述であれ）についてのいかなる形而上学的記述も認めるわけにいかないとしたなら、ヴァッティモにとっても、P・F・ストローソン*やカント主義に多かれ少なかれ批判的に結びついた多くの思想家と同様、形而上学と記述性とは一致する以上、これは矛盾の必然性となって帰結せざるをえない。が、この矛盾の必然性こそは、理論的言説からあらゆる必然性を奪い去って、それを必然的に解釈の「危険な」尾根の上に立たせることとなるのである。理論を弱いものにしようというテーゼをわたしたちに課しているのは、この「より大きな力」にほかならないと言えるだろう。

＊　一九一九―二〇〇六。イギリスの哲学者。主著は『個人――記述的形而上学の一試論』（一九五九年）。

ニヒリズムの概念がこのようにいわば方法論的な意義をもっていることは、ヴァッティモの哲学的歩みのなかではただちには浮上しない。また、二十世紀後半のヨーロッパにおけるニーチェ・ルネサンスの制度的始点となったスリジー・ラ・サルの会議に若いころ参加して以来のニーチェとの対決でも、浮上してこない。その会議では、おそらく初めて、のちにネオ構造主義ないしポスト構造主義と名づけられるようになる思想潮流が登場する。そして、この潮流はヨーロッパで、つづいてはアメリカで地歩を固め、当時のマルクス主義の理論的ならびに政治的な命運に少なからぬ影響をおよぼすとともに、まさしく七〇年代末に哲学のいわゆる大陸的スタイルと分析的スタイルとの相違ないし対決となって現出するものの様態を深く規定していく(9)。これにたいして、ニーチェとハイデガーにおいてニヒリズムがもっている意味についての特殊な自覚こそは、ヴァッティモの観点をポスト構造主義の理論家たちの観点からますます明確に区別していくこととなるのであり、なによりもヴァッティモの観点を哲学におけるあらゆる耽美主義の危険から保護することとなるのである。じつをいうと、そのような耽美主義の危険こそは、ドゥルーズやデリダといった思想家たちの著作に他に類のない特別のエスプリ〔機知〕をあたえて、少しばかり時代の雰囲気に合った、そして地理的には限られたコケットリー〔洒落っ気〕を授けているものなのだ(10)。

ヴァッティモは、ドゥルーズと同様、最初からニヒリズムにかんするニーチェの言説を肯定的に再評価しようとしている。ヴァッティモとドゥルーズだけが積極的な意味で「ニヒリスト」的な思想家と——この定義が明らかに含意している矛盾の重みもすべて承知のうえで——定義することができる。ただ、両者のニヒリズムには重要な相違がある。ドゥルーズは、一九六二年に公刊された『ニーチェと哲学』以来、最終的には（『千のプラトー』とともに着手される）文化の百科全書的な再構築となって現われる「肯定的な」文化批判という矛盾した立場に身を置いている。こうして、知的詐欺をはたらいているという非難を浴びることとなる（知られているように、アラン・ソーカルとジャン・ブリクモンによって浴びせかけられた非難がそれである）*。これにたいして、ヴァッティモは、ニーチェを肯定的に解釈しようというドゥルーズの（またジャン＝フランソワ・リオタールの）示唆を生命論的でも自然主義的でもない方向において引き受けようとしているようにみえる。「生」を肯定するよりは、ロゴスを肯定した思想家、つまりは言語活動の〈存在〉言明能力を肯定した思想家として受けとめようとするのである（「生」という概念は、いまの場合、少なくともみずからをその「生」から区別しようとするのが抽象的であると同じくらい、抽象的なものにみえる）。このようにして基本的にヘーゲル的・ガダマー的な仕方で問題を設定したことは、すべての反知性主義的な立場に典型的な自殺的矛盾、そしてニーチェのいくつかのページもそこから脱却できないでいる自殺的矛盾から、ヴァッティモを救っている。じっさいにも、ひとは問うだろう。なんの目的で、こんなにも多大な知性とロゴスを費やしてまで、ロゴスを破壊し知性の品位を貶めようとするのか、と。[11]

＊ フランス語版『知的詐欺』（一九九七年）、英語版『いま流行のナンセンス』（一九九八年）参照。日本語訳は田崎晴明・大野克嗣・堀茂樹訳『「知」の欺瞞――ポストモダン思想における科学の濫用』（岩波書店、二〇〇〇年）。

こうしてニヒリズムについての（また総じてニーチェについての）ヴァッティモの解釈と利用の仕方は、フランスの思想家たちとの対比と対決をとおして、しかしまたなによりもまず、その解釈を理論哲学的にいっそう「一貫した」ものへと練りあげつつ、輪郭を明確にしていくのである。[12]

3　ニヒリズムと差異

本質的な最初の一歩を踏み出しているのは、『差異の冒険』（一九八〇年）に収められた諸論考である。この論集でヴァッティモはハイデガーにおける差異の概念にはそれなりに一定の進展が見られると指摘している（とくに「ニーチェと差異」を参照）。「形而上学的」と言ってもよい次元から、論理的ないし方法論的と定義してもけっして大胆ではない次元、より正確には「機能的」な次元への進展である。[13] ヴァッティモによると、ハイデガーは『存在と時間』（一九二七年）およびその少しあとに書かれた論文「根拠の本質」（一九二九年）では差異を本質的に存在的なものと存在論的なものとの分岐の開示というように定義していた。差異とはなによりも〈存在〉と存在者が分岐しているということなのであって、存在者の真理は「隠蔽されていないこと」にあるのだった（基本的に、〈存在〉は存在者そのもののなかではあたえられないのである）。だが、そのような基本的な構造的（すなわち「形而上学的」と言ってよい）与件から、つぎには、存在的なものと存在論的なものという、真理があたえられる二つの様態の区別が生じる。こうして――ハイデガーの論の進め方全体もそうであるが――存在論と方法論は本質的に結びつき、この結びつきから出発して両者は根本的に再定義されることとなるのである。

ヴァッティモは、存在論と方法論のこの結びつきに照らして、ハイデガーとフランスの思想家たちの関係を解釈する。そして、フランスの思想家たちの提唱する差異の哲学がハイデガー（およびニーチェ）の解釈と利用の仕方においていかに誤りを犯しているかを明らかにしてみせる。彼は書いている。「ハイデガーがここで［論文「根拠の本質」で］語っている差異は、つねに、ある地平のなかで出現するものと地平そのもののあいだで生じる差異である。地平はあくまで存在者そのものの出現を可能にする開かれた場所なのだ[14]」。したがって、これは一見したところでは形而上学的な原理である。すなわち、すでに見たように、記述的に規定された原理である。たとえ、その記述が超越論的なタイプの（つまりはV_1のレヴェルに対応した）記述であるにしてもである。じっさいにも、ここでは差異は存在者とわたしたちが「存在」という名をあたえたもうひとつの存在者とのあいだにではなくて、存在者と存在者を超越したものとしての〈存在〉、「存在者の出現を可能にする開かれた場所」とのあいだに立てられている。したがって、ヴァッティモはハイデガーの新カント主義とも張り合おうとしているわけである。ところが、ハイデガーのこの側面をおそらくフランスの思想家たちは見落としている。そのためにつぎに述べるような結果がもたらされるのである。

「ハイデガーにおいては差異の概念はこの方向に向かっていない」。「むしろ第一の次元のうちに到来しており、そのようなものとして問題化されている」。これは『存在と時間』の最終パラグラフに見られるとおりである。その最終節でハイデガーは、なぜ差異は忘却されたのか、という問題を提起している。「存在論的差異の問題は、ここでは、差異が区別するもの、および区別の理由と様態との関連においては思考されていない。むしろ、それは「差異についてなにが存在するのか」という問いに翻訳することができる。［……］差異の問題は差異そのものにかかわる問題であって、差異を構成している諸条件とその理由の問題ではないのだ[15]」。

見られるように、ヴァッティモはハイデガーの言説をいっさいの実体化的な誤解から解き放とうとしている。これは、なによりもまず、問いをもはや本来的には存在論的なものではなくて、いまも述べたように、広い意味で「機能的な」ものでもあるような次元へと差し向けていくことを意味している。差異においては差異化することそのものが重要なのであって、差異化のある面から別の面にたいして立てられるもろもろの個別的な要請が重要なのではない。

だが、注意しよう。フランスの思想家たちは（ドゥルーズもデリダも[16]）ハイデガーをまさしく差異化を存在論的に硬化させてしまったと言って非難してきたのだった。そしてなによりもまず、〈存在〉と存在者との差異という単一の差異にたいして、いわばオイディプス的な情動を対置してきたのだった。「差異化」としての差異自体にもっとじゅうぶんに注目したなら、ただちに、差異の多数性、あるいは多数性ないし複数化の原理としての差異が見えるにちがいないというわけである。これにたいして、ヴァッティモはきわめて異なった立場をとっている。『存在と時間』の最後の部分でハイデガーがなぜ差異は忘却されたのか――また忘却されてはならないのか――という問いを立てている事実にヴァッティモが注意を喚起していることは、じっさいにも議論の方向を大きく転換させる。

ヴァッティモは、フランスの思想家たちへの批判をつうじて、差異の問いを解決するのではなくて、むしろ、配置しなおすことへ到達したと言える。彼の観点からは、「事実上の」差異が存在することをたんに記述して記憶にとどめておくこと（あるいは、存在者と〈存在〉のあいだにはずれが「ある」と想起すること）はもはや問題にはならない。このずれにたいして正しい位置をとるにはどうすればよいかといったようなことも問題にはならない（たとえば、エマヌエーレ・セヴェリーノによると[17]、断固として「存在」の側に立つのが正しい位置のとり方だというが、そもそも、どのようにしてわたしたちは自分が立とうとしている側がほんとうに「存在」の側であると確信できるというのだろうか）。しかしまた、差異を方法論的および形而上学的原理として引き受けることも問題にはならないのである（ところが、ドゥルーズの場合にはそのような引き受けがなされている。彼はニーチェをつうじてライプニッツの「単独性」の形而上学へ向かっていっているだけでなく、差異を弁証法に取って代わる方法論的原理として擁護している）。

ヴァッティモが踏み出したさらなる一歩はつぎのとおりである。「わたしたちが「差異の思想」と呼んできたもの、そして――ハイデガーの省察に立脚して――今日フランス文化の一定の地域に普及しているものは、差異を問題化するにあたってさまざまにありうる様式を隠蔽し忘却しようとしている。全体として、「差異の思想」は『存在と時間』の最終パラグラフの示唆しているところを、文字どおりの意味でも（なぜ差異は忘却されたのか）、より広く方法論的な意味でも（差異そのものについてなにが存在するのか）、受けいれようとしていないと言える。「差異の思想」は、その理由を問わないまま、差異が忘却されてしまった事実を確認することから出発しようとしている。そして、この事態に差異を想起しようと努力する思想を対置して、差異を再発見し、さまざまな仕方で現前させようとしている。このようにすれば「形而上学」を超えた位置に身を置くことができると考えているのである」(18)。

こうして、フランスの思想家たちと距離をとるなかで、ヴァッティモはハイデガー自身の存在論的言説がはらむ曖昧さをも指摘しつつあること、そしてこの指摘こそは彼のハイデガー解釈全体の枢軸をなしつづけていることにも、わたしたちは気づく。差異の忘却ははたしてひとつの「事実」なのだろうか。それはいかなる意味で事実であり、いかなる意味で事実でないのか。いいかえるなら、実体的に配置されたもろもろの事実の世界と区別されるのか。こうヴァッティモは問うているのである。したがって、ハイデガーの存在論はヘーゲル主義のなんらかの形態、より正確にいえば、言語学的な方向において再考されたヘーゲル主義の形態によって補完されなければならないというのが、ヴァッティモの考えであるとみてよいだろう。そして、ヴァッティモによると、解釈学こそはこの方向において再考されたヘーゲル主義にほかならないのだった[19]。

だが、注目されるのは、この想起の特異性をヴァッティモが『差異の冒険』に収められている最後の論考「弁証法と差異」でつぎのように描き出していることである。そこでは、ハイデガーの「今日的意義[20]」を計測するにあたって、ヘーゲルにおける"Er-innerung"としての想起とハイデガーにおける"An-denken"としての追想との違いが強調されているのだ。前者は自己領有＝内化の行為である。これにたいして、後者は（これもまた記憶と忘却の準弁証法的な連関に立脚したものでありながらも[21]）「神の死」という「出来事」の内部においてなされる。したがって、それは自己領有の行為ではありえない。そこには、そもそも安定した対象も存在しなければ、（ふたたび）自分のものとすべき想起の与件も存在しないからである。ここではまた、ふたたびフランスの思想家たちとの明確な距離も描き出されている。「形而上学を乗りこえようという呼びかけが有無をいわさぬかたちでわたしたちになされるようなケースが出現する条件を記述しないかぎり、わたしたちは差異について語ること、すなわち、形而上学を乗りこえる仕事にとりかかることはできないのだ[22]」。

見られるように、問いはいまや、差異について語るにはどうすればよいのかというふうに、本質的な仕方で立てられている。このことは、可能な変容について語るにはどうすればよいのか、道を踏み外した人間主義からの人間の解放、そしてまた形而上学からの哲学の解放について語るにはどうすればよいのか、ということを意味している。形而上学の乗りこえを主体の（「超人」の方向への）乗りこえとしてだけでなく、歴史性の乗りこえとしても構想したフランスの思想家たちは、それについて語るにあたって忘却を忘れ去ってしまった。じっさいにも、差異は〈存在〉と存在者との静態的で構造的な区別（だけ）ではないのであって、とりわけ、「時間的な差異化、隔たりとしての差異」でもある[23]。この意味では、「追想（An-denken）でないような」差異の思想は存在しえない。「それというのも、差異は事実上形而上学的思想によって忘却されてしまっているからだけではない。差異はなによりもまず差異化であり、結局のところ、わたしたちが死すべき運命にあるという事実と本質的に関連した経験が時間的に分節されたものにほかならないからでもある[24]」。

　だが、ハイデガーの場合、差異との関連において記憶と忘却との関係が送付しようとしているものは、明らかに主観的な歴史性ではない。したがって、フランスの思想家たちの二重の記憶喪失を回避するためには、わたしたちが差異を想起せよと示唆しているときに語っている歴史は「メッセージの歴史」であるということ、呼びかけと召命の歴史であるということ、しかしまた「答えが呼びかけを汲みつくすことはけっしてない」ような性質の歴史であるということを了解することが肝要である。[25] ここにおいて解釈学への移行、いまの場合には存在論と歴史との対話化への移行が生じることとなる。だが――とヴァッティモは注意を喚起している（これはだれの目にも明らかなように一個の綱領的な宣言である）――「このように歴史を解釈学的にモデル化することの含意を、ハイデガーもその解釈者たちもいまだじゅうぶんには明らかにしてこなかった[26]」。

4　差異と弁証法

このような枠組みのなかで、またこのような前提とともに、弱い思考への選択はなされる。ヴァッティモとピエル・アルド・ロヴァッティが構想して編んだ『弱い思考』という一九八三年刊行の論集に収められている論文は、いずれも弁証法の運命の問題、差異と弁証法の関係をめぐる主題に触れているか、正面から取り組んでいる。このことは、差異と弁証法をめぐる問題の展開領域が認識論、美学、倫理学、政治学、メタ哲学といった具合にじつに広範囲にわたるものであるという事実を印しづけたものと受けとってよいのではないかと思う。しかしまたそれは、より根本的には、――とりわけヴァッティモの議論からうかがえるように――広い意味でメタ理論的な立場を採用しようとしたものであることも示唆している。形而上学の提起してきたもろもろの大きな選択肢が使いつくされてしまったのち、どのようなタイプの方向が思考にはあたえられているのか、という問いに答えようとするひとつの試みであることを示唆しているのである。

二人の編者の署名の入ったまえおきでは、二十世紀の弁証法的ならびにポスト弁証法的な哲学の歴史がそれに関連する問題状況を浮き彫りにしながら簡単にたどられている。編者たちによると、形而上学的基礎づけに取って代わる新しい基礎づけの探求は、六〇年代になって、いくつかの点で互いに対立する二つの試みへと到り着いたという。(一)「中心や目的をもたない」(「主体のない」)構造の探求と、(二)「流動的でたえず生成の途上にある非実体的な」主観性の探求がそれである(ここに構造主義と現象学という二つの流れを確認するのはむずかしいことではない)。ところが、七〇年代になると、新しい否定性が出現することとなる。構造主義の理論も新しい主観性の哲学も、いまや、またしても基本的には「全体化的な」理論であり哲学であることがあらわとなるのだ。「論争はトーンを変える。そこには否応もなく悲劇的な要素」あるいは「非合理的な要素」が「なだれ込んでくる(27)」。ここから、イタリアでは反作用的に「理性の危機」をノスタルジックに云々する理論が登場したり、フランス産の脱構築的でアナーキー的な認識論が出てきたりもする。

『弱い思考』は、明らかに、この状況をしかと踏まえたところから出発している（それは時代の潮流に反作用的に働きかけようとするニーチェ的なニヒリズムの理論というかたちで描写することもできる状況である）。だが、「弱い」という術語の採用はそもそもなにを意味しているのだろうか。ロヴァッティによると、[28]どうやら「弱い思考」という言い回しは、じゅうぶんに共通的な一定数の政治論理的および認知的経験に固有の限界線上に踏みとどまれということを指示しているようである。その限界線上では、それらの経験のうちの一方が他方へといわば変色していく。「主体は小さくなり、経験は大きくなる。それでは、主体は消えてなくなってしまうのだろうか。それとも、みずからの経験のなかで識別できるほど「小さなもの」に転化してしまったということなのだろうか。経験は数が増大し、見分けがつかなくなり、判読不可能なものに転化してしまうのだろうか。それとも、多くの音で満たされて、ついには聴き取ることができるまでになったということなのだろうか」。[29]見られるように、ロヴァッティは「弱い思考」を総合に到達することのない弁証法として定義するにいたっている。二つの道の境界域のうちにあって、けっして最終的にどちらかに落ちこむことがないままに思考しつづけようとすること――ロヴァッティによると、これこそが「弱い思考」にほかならない。[30]

ウンベルト・エーコの観点はまったく異なる。エーコは意味論的・認識論的な次元で問題に取り組む。そして「弱い」という観念を複数主義的で科学的に遠近法主義的なものとして主張する。エーコは、さまざまな定式化における、とりわけ「百科全書的」なヴァージョンにおける迷宮のイメージに立脚した意味論的モデルを「弱い」認識論の中核として取り出す。「迷宮の思考、そしてまた百科全書の思考は、推測的かつコンテクスト依存的なものであるかぎりでは弱いが、道理にかなっている。それは相互主観的なコントロールを受けることに同意するからであり、主観の放棄となっておわることも独我論に陥ってしまうこともないからである(31)」。

ほかの著者たちは（とりわけジャンニ・カルキアの論文を見られたい）、正しくも、問題の全体をヘーゲル的な媒介の問いに引き寄せて考察しようとしている。カルキアは書いている。ヘーゲルの場合には「主語と述語との繋辞による結合（Zusammengehen）」が新しい媒介の形態として主張されていた。こうすれば反省の哲学のように有限性を抑圧してしまうことが回避されるだろうというのだった。これにたいして、ハイデガーの特質は、存在を繋辞に還元してしまうことはできないと主張した点、主体と対象とのあいだにはそれ以上のもの、「無意識的なもの」が作動しているのを承認した点にある。そして、この点ではハイデガーはカントの指摘に従っているのであって、判断力の理論のカントこそは、弁証法的図式への抵抗の道、すなわち、「判断をくだすことをしない思考、それゆえ論理

的には弱い思考」の諸前提を提供してくれているのである、云々。(32)

だが、論集に寄せられたさまざまな論文に多かれ少なかれ明示的に認められるこのような「論理的なもの」への執着ぶりは、いったい、なにを意味しているのだろうか。こう問うてみることはじゅうぶんに意義のあることだとわたしは思う。弱い思考は、とりわけ、カント以後の哲学的論理学が上げてきた制限的成果への、カントとヘーゲルのはざまにあっての、ひとつの回答であったと言うことができるからである（ヴァッティモ自身も、『弱い思考』に寄せた論文「弁証法、差異、弱い思考」でカントとヘーゲルのあいだに存在する連関の問題に取り組むことによって、この問いを間接的に提起している）。それはたしかにあくまでも数多くある回答のうちのひとつの回答にすぎないが、みずからの置かれている文化史的前提をもっとも幅広く自覚した回答だったのではないだろうか。

さて、このような制限的成果の趣旨は、特殊的にも論理的なものであったと言うことができる。ゲーデルとタルスキの有名な成果（完全性と一貫性のあいだには矛盾が存在すること、言語とメタ言語を区別する必要があること）は、じっさいにはまさしくカントとヘーゲルによって形式論理学とは形態を異にしながらも先取られていたからである。カントは明らかに『純粋理性批判』において理論的理性の不完全性を「発見」している。そしてヘーゲルはこの「発見」にたいして救済措置を講じようと試みている。あるいはこう言ったほうがよければ、その「発見」を（まさしく回帰性*のいわゆる「パイオニア」たちが試みているのと同じように）理論的コンテクストにおけるひとつの異なった推論の進め方の始点に据えようとしている。この意味では、ヘーゲルはゲーデルと回帰性論者たちに該当する人物として哲学と前形式論理学的な言語の場に登場しているのである[33]。

＊「回帰性」とは、数学の形式論理学において、ある通則＝ルールを繰り返して適用すれば、定義されているものの意味がすでによく知られている観念によって独自に決定される事態をいう。

じっさいにも、論集に収められているヴァッティモの論文「弁証法、差異、弱い思考」で定式化されている弱い思考の仮説＝提案のうちもっとも興味深い側面は、それが全体性と適合というカテゴリーから出発して定義されていることであり、両者をゲーデルの完全性と一貫性の概念になぞらえることのできるようなかたちで特徴づけていることである。

なによりもまず、ヴァッティモの場合には、問題がはっきりとメタ哲学的ならびに政治論理的なコンテクストのなかで提示されている。「弱い思考は弁証法や差異の思想を単純に自分の背後に置き去りにはしなかった。それどころか、弁証法と差異の思想は弱い思考にとってハイデガーの言う「すでに存在したもの」（Gewesenes）という意味においての過去を構成している。そして、「すでに存在したもの」という語は、送付や運命という語と多くの関係をもっている(34)」。二つの主要な概念が弁証法を特徴づけている、とヴァッティモはサルトルの『弁証法的理性批判』をコメントしながら指摘している。全体性という概念と再領有〔ふたたび自分のものにすること〕という概念である。『弁証法的理性批判』のなかでは、この二つの概念はそれぞれ完全性と記述上の適合性のメタファーとして登場しているようである。そうであってみれば、ヴァッティモの言説の作動領域が存在―時間―言語というひとつの連続的な領域であって、外部の指示子を想定していないことを考えあわせるなら、適合性という概念は一貫性という概念の存在論的等価物として使用されていることがわかる（内在主義の圏内にあっては一貫性と適合性とは同じことなのだ）。

興味深いのは、ヴァッティモがどのようにしてこれら二つの原理の弱体化を弁証法のプログラムの失敗から出発して導き出しているかを見てみることである。全体性（余すところなく完全であるということ）にかんしていうなら、弁証法的方法はまずもってサルトルにおいて動揺しはじめる。サルトルは、全体性の問題にたいしてルカーチがあたえた解決、すなわち、「全体的な」とらえ方をプロレタリアートに、より正確にはプロレタリアートの前衛と目された知識人と党にゆだねようとしたのは「神話」にすぎなかったことを明らかにする。そしてアドルノ、ベンヤミン、ブロッホにおいては、全体性という理念のはらむイデオロギー的暴力と虚偽が全面的に露呈されることとなる。「ベンヤミンやアドルノやブロッホのような思想家たちの重要性と魅力は、ミクロ論理の批判的要請を組み入れることによって弁証法を再建しようとしたことにあるのではない。そうではなくて、弁証法や自分の思想の首尾一貫性と統一性そのものを犠牲にしても、批判的要請を妥当させようとしたことにある。彼らは弁証法の思想家ではなくて、弁証法の解体の思想家なのだ」[35]。全体性の思想が暴力的で教条的な性質のものであることは、ベンヤミンが指摘するように、なによりもまず、全体性の思想においては、存在しえたかもしれないのに存在しなかったもの、目に見える歴史的効果を生み出さなかったものがすべて沈黙させられてしまうという事実のうちに確認されると言ってよい。記述にとどめられている歴史だけを尊重しようというのはきわだってブルジョワ的な態度である。実際に起こったことだけを弁証法が重視する（現実的なものと理性的なものとを同一視する）のは、このことの明らかな徴候である。「アドルノとともに全体的なものは虚偽であると言わなければならないのは、生きている者の基本的な権利の観点からである」[36]（ある意味では、ベンヤミンとアドルノにおいては、革命的なルカーチが全体性の擁護者としてのルカーチに対決するための道具として使われていると言うことができる）。

しかしまた、全体性に取って代わりうるものとして提起されたミクロ論理的な要請は、第二の問題に直面して、再領有および本来的なものにかかわる問題（首尾一貫性の問題）に場所を譲らなければならなくなる、とヴァッティモは指摘する。じっさいにも、「呪われてこの世に生まれたもの」、支配者たちの文化から排除されてしまったものの言表可能性については、それを保証するものはなにひとつ存在しない。実現していないものもまた実現にいたるなかで言葉によって表現されるようになったとたん、支配と強制の声に転化してしまわないとはかぎらないのだ。「差異の思想」が登場するのはこの時点においてである。この差異の思想にかんしては、それがフランクフルト学派の否定的および（ポスト）弁証法的思想と類似していることにはっきりと注意喚起がなされている。差異の哲学の観点、とりわけハイデガーによって発展させられたような差異の哲学の観点からは、全体性にたいする批判に、本来的なものにすること（言葉と事物との合致という意味での、しかしまた記述性および記述可能性という意味での）にたいする批判が接合させられなければならない。形而上学的論理の、くわえては弁証法自体の、全体化の主張は、（一）虚偽である、（二）抑圧と暴力をともなっている、ばかりでない。全体化の主張を批判するにあたっては、言語＝思考と〈存在〉のあいだにうち立てるのだと主張されている合致ならびに記述可能性の関係が支持しがたいものであることも考慮に入れていなければならないのだ。

いいかえるなら、全体性の主張にたいする批判には、言葉と事物との合致を確認することによって〈存在〉を言葉で表現し、それを「存在する」ものの現前というかたちで固定するのだという主張にたいする批判が付け加えられなければならないのである。このように二つの批判が結びつけられると、みずからを弁証法の「より正しい」ヴァージョンとして提示しようとする否定的な批判的思想の主張も意気をくじかれることとならざるをえない。ここでは、ヴァッティモはどうやら、ア・プリオーリなものの時間化をめぐってハイデガーが示唆したこと、さらには三〇年代以降ハイデガーにとって決定的なものとなる〈存在〉と言語の関係についての省察そのものを、存在論としての論理学（〈存在〉の「言い表わし方」の問題）を「本来的なもの」、つまりは事物と言葉の合致の次元において「開く」必要性への回答として読んでいるようである。

さて、この側面こそは、一方における弱い思考と、他方における論理学の次元でのさまざまな手続きや原理の弱体化とのあいだの決定的な相違を生み出しているものにほかならない（論理学の次元でのさまざまなパラドクスや制限の発見はいずれも、事実上、なんらかの形態における言語の弱体化に還元される）。対象と方法を方法横断的かつ反客観化的な展望のもとで結合するハイデガー的な意味においての存在論的な弱体化と他のなんらかの論理学的な弱体化との相違は、つぎのように定式化できる。（一）弱い思考はパラドクスを回避しようとはしない（そのようなことをすれば、それをヘーゲル的な媒介の形態に同化してしまうことになるだろう）。そうではなくて、弱い思考はパラドクスが繰り返し生起するなかにあって存立している。[37]（二）弱い思考はロゴスがパーソナルなものを超越した運命を背負わされていると考えており、いかなる論理学的な決定をも認めない。第二の側面はとりわけ重要である。このテーゼが有効であるなら、厳密にはパラドクスに有利なように決定をくだすこともできないということになるだろう。この点こそは弱い思考をいかなる論理学からも――「パラコンシステントな」論理＊をはじめとする「非古典的な」論理学一般からも――最終的に区別する点なのだ。

＊　矛盾を許容する論理を指す。この論理の意義については古くから論じられてきたが、「パラコンシステントな論理」という語自体は一九七六年にペルーの哲学者フランシスコ・ミロ・ケサダによってつくり出されたものであった。

そのうえ、問題は言葉と思考の様態にかかわるものである以上、ハイデガーのテーゼは自己自身に逆作用をおよぼし、形而上学と弁証法の「超克」の提案となって立ち現われるのは明らかである。そして、その提案は「超克」の概念自体についての新しい理解の仕方の提案でもあるのだ。後期ハイデガーから影響を受けた著述家たちの思考と理論のスタイルにおいてしばしば再現されているのがみられる対角線的な論法を土台とした、形而上学的・弁証法的超克の超克という考え方がそれである。

5　ニヒリズム、解釈学、ポストモダン

形而上学の乗りこえと差異の思想という問題、より正確には、これらの一見したところでは正体がはっきりしなくて動機がないようにみえながら、奇妙にも切迫したアクチュアリティをもっている事態を言葉で表現するという問題は、ニーチェ、ハイデガー、フランスの思想家たち、そして弁証法の伝統と対決するなかで、七〇年代から八〇年代初めにいたるまでのヴァッティモの思考の支配的な動機をなしてきた問題である。だが、解決策もすでにその時代に提示されていたものの、それが細部にわたって明確化され理解可能になるのは八〇年代においてである。

まずもって、『近代的なものの終焉——ポストモダン文化におけるニヒリズムと解釈学』(一九八五年)に収められている諸論考で、形而上学の(そしてまた主体の)乗りこえが、ベルティが主張するように、フランスの思想家たちにくらべて「より大きな一貫性をもって」ヴァッティモによって引き受けられるにいたったのはどのような意味においてであっ

たのかが、余すところなく明確化される。そしてこの一貫性こそは、弱い思考をヴァッティモの仕事の「強い」核心ないし「根本的な」核心をなす独特の漸近線的な弁証法（「目のくらむような」論理）へと向かわせているものにほかならない。まず「ニヒリズムの弁明」と題された第一論考では、二十世紀の思想がニヒリズムを前にして袋小路に行き当たっていることが明確にされている。「現象学と初期の実存主義、しかしまた人間主義的マルクス主義と「精神科学」の理論化の試みも、一本の導きの糸がヨーロッパ文化の広範囲にわたる部門をひとつに統合していることの現われである。これをわたしたちは「真正性のパトス」、すなわち、ニーチェの語り口を借りるなら、ニヒリズムが完成されることへの抵抗によって特徴づけられたものとみることができるだろう[38]」。

ヴァッティモがヴィトゲンシュタインの「神秘」と呼んでいるものでさえ、真正性のパトスからは逃れることができていない。ヴァッティモによると、こういった真正性のパトスへの囚われはもろもろの「ローカルな」真理の理論となって表明されているのが見てとられるという。「こうして最高価値の低下、神の死という事態に直面して、（たとえば、支配的な文化の価値にたいして、マージナルな文化、民衆文化の価値を主張するとか、文学的・芸術的カノンの破壊をくわだてるとか、といった具合に）別の「もっと真実の」価値を感傷的、形而上学的に要求することによってのみ抵抗を試みることとなってしまうのだ。

こういった例はいたるところに見られる」[39]。

見られるように、フランスの思想家たちのくわだてた差異の思想も、ここではニヒリズムへの他のあらゆる「反動」と同一視されてしまっている。ヴァッティモの解釈によると、技術の世界はまさしくニヒリズムの世界にほかならない。技術の世界はいたるところでさまざまなメッセージの送付と伝達がおこなわれている世界であり、〈存在〉が全面的に（交換）「価値」へと変容してしまっている世界である。そして、この世界においては、経験を「より真正に」考慮に入れることのできるような哲学的な理論やテーゼ——たとえば、差異の思想、あるいは「単独性」と「シミュラークル」の形而上学——を立てる可能性はすでになくなってしまっている。「なぜなら、真正性——本来のもの、それをふたたび自分のものにすること——は、それ自体が神の死とともに消滅してしまったからである」[40]。

すでに『弱い思考』に寄せられたヴァッティモの論文でも告知されていたように、「屈曲」というハイデガーの概念が、乗りこえの理論全体の鍵言葉となる。さらにはまた「本来的なもの」と「全体性」の喪失という状態のもとにあって哲学が作動しうるための予備的な示唆ともなる。しかし、いまやヴァッティモに差異、ニヒリズム、弁証法（そして弱い思考）にかんする言説を枠づけ、この（「屈曲させる」という意味で）弱い差異の考え方を弁証法への最良の代替肢として最終的に価値づけるための理想的な地盤を提供しているのは、とりわけリオタールの定式化したポストモダンの理論である（リオタールの定式化は、エジプト出身の批評家イーハブ・ハッサンの定式化*とならんで、ポストモダンについての哲学的にみてもっとも意義深い定式化であったのではないだろうか）。

* Cf. Ihab Hassan, "POSTmodernISM: a Paracritical Bibliography," *New Literary History*, Autumn 1971, pp. 5–30. Reprinted in: Ihab Hassan, *The Postmodern Turn* (Cornell University Press, Ithaca 1987).

よく知られているように、リオタール[41]は、ポストモダンをヴァッティモが『弱い思考』の論文であつかっているのとさほど変わらないやり方で定義している。すなわち、それを「大きな物語」（全体性をおびた言説）の没落として定義するとともに、もろもろのローカルな適合原理の没落としても定義している。ポストモダンにおいては、いっさいがパフォーマンスというかたちをとって生起する。厳密には、〈存在〉が交換価値に還元されてしまったニヒリズムの世界にいるかのようにして生起する。したがって、その理論がどれほどまでヴァッティモがその時期に定式化しつつあったテーゼとうまく適合しうるものであったか、わかろうというものである[42]。あらかじめまとめておくと、デカルト的基礎づけが「モダン」であるとするなら、ニヒリズムは人間が「Xの中心から両極へ転がっていく」

というようにとらえるかぎりで「ポストモダン」である。しかしまたハイデガーの想起の思想も「ポストモダン」と規定することができる。主体の客観化と決定の彼方にあって差異をつかまえようとしているからである（この連関はとりわけヴァッティモがニヒリズムと後期ハイデガーの思想になにがしか共鳴しあうものを見いだしている理由のひとつである。ヴァッティモは後期ハイデガーの思想に「ニヒリズム的なトーン」を見いだしているのだ）。「モダン」が形而上学的なもの、より正確にはその最後の「名前」、形而上学の最後のヴァージョンと等しいのなら、ポストモダンはポスト形而上学的なものに等しいと言うことができる。ただし、それは現実には――ハイデガーが言っているように――形而上学を排除するのではなくて「反復したもの」であるような乗りこえの様式にもとづいてのことである。「モダン」というのが「存在の安定した構造」を記述すると主張する「客観化的な」思想のことであるのなら、ポストモダンというのはもはやこのようなことを主張しない思想のことである。

だが、注意しないといけない。「凝集性」（一貫性ないし徹底性）の原理からすれば、ニーチェが言っているように、「いっさいが解釈である」という言説自体もひとつの解釈である。したがって、「ポスト」によって指示されている乗りこえは、いわば「理論的な」レヴェルで差異の問いによって展開されてきたのと同じ現象を、メタ理論的なレヴェルで構成したものなのだ。ヴァッティモが『近代的なものの終焉』(一九八五年)の最後に収められた「ニヒリズムと哲学におけるポストモダン」という論考で書いているように、「もはやわたしたちに言うべきものをなにひとつもたない過去との関係を特徴づけているのは、弁証法的な止揚でもなければ、「背後に取り残される」ことでもない。[……]まさしくVerwindung〈屈曲〉とÜberwindung〈超克〉の差異こそはポストモダンの「ポスト」を哲学的に定義する助けとなるのである[43]」。

6 屈曲

想起しなければならないのは、差異の問題といわれているものは、弁証法の問題と同じく、最終的には「移行」の問題であるということである。過去から批判的距離をとって、袋小路に直面した時代と論理を乗りこえることにかかわる問題であり、同時に、論理学的ならびに存在論的な区別の問題(〈存在〉と存在者の差異、そしてまた差異一般の問題)でもあるのだ。さて、ヴァッティモによると、その問題はニーチェによってハイデガーの「屈曲」とポストモダンの「ポスト」の意味を先取りするようなやり方で解決されていたという。ニーチェの『人間的、あまりに人間的』のなかでは、歴史病から脱却するという問題、より正確には「近代的なものから脱却する」という問題が「新しい仕方で立てられている」。「『人間的、あまりに人間的』は近代的なものの正真正銘の解体を近代的なものを構成している諸傾向そのものを徹底させることをつうじて実行しようとしている」[44]。したがって、わたしたちが目の前にしているのは、まずは相手の言うことをそのまま聞き届けたうえでそれを徹底化させたようなかたちでの解体＝乗りこえのくわだてである。これはさきに少しばかり触れた福音書のアイロニックな論理にほかならない。

この手続きはどうすれば正当化されるのだろうか。じゅうぶん明確なやり方で正当化することができる。近代というのはそれ自体が乗りこえの時代であり、それを乗りこえることは、それを作動させ、それを遂行的な次元で確認することを意味しているからである。近代は「新しいものが古くなっていく」時代である。ひいては、もろもろの新しいものが出現したかと見るや「およそいっさいの創造的な活動を意気阻喪させると同時にそれを生の唯一の形態として要請し強要する運動のなかに引きこまれて」目まぐるしく乗りこえられていく時代である[45]。だから、「近代を克服しようと考えても近代から脱却することはできない」のであって、「別の道を探らなければならない」のである。

その別の道は、ニーチェを鍵にして Verwindung〔屈曲〕という概念を語形変化させることによって指示される。いうまでもなく、Verwindung というのはひとつの意味論的・

実用論的な原理である。[46] それは古典的形而上学のもろもろのカテゴリーが解釈され使用されるさいにどのような様式をとるのかを指し示している。が、同時にまた、それは実践倫理的・方法論的な原理でもある。形而上学の没落を前にしてどのような理論的態度をとるべきかということを指し示しているのである。さらにそれは外から見たかぎりでは弁証法的な概念であるが、そこにはいくつかの重要な相違も確認される。それは、あるものに身をゆだねるという意味での“rimettersi a”と、病気から回復するという場合に用いられるような“rimettersi da”という、二つの語を基礎にして特徴づけられる。つまり、それは語形変化と歪曲、乗りこえと捻れ、反復と深化、等々という意味で用いられるのである。

ヴァッティモは『弱い思考』に寄せた論文「弁証法、差異、弱い思考」で書いている。「ハイデガーによる形而上学の乗りこえは一見したところ弁証法的な超克のようにみえるけれども、まさに屈曲（Verwindung）であるかぎりで弁証法的な超克とは別のものであると考えられている。だが、屈曲であるかぎりで、それはなにか弁証法に固有なものをも受け継いでいるのである」[47]。そこではVerwindungという概念の特殊な思弁的効果が発揮されているのがわかる。それは自分が形而上学ならびに弁証法を歪曲しながら遂行するものであると言明すると同時に、自分が言明し記述していることを実行してもいる。Verwindungという概念は形而上学的な記述の批判であるばかりでなく、それに取って代わる記述の様式を提示してみせてもいるのである。Verwindung は存在の運動を伝達（Überlieferung）と運命＝送付（Geschick）として記述する。と同時に、それは「伝達と運命＝送付というように解された存在の真理を思考するさいの仕方」でもあるのだ(48)。

このことは、弁証法的概念の意味論的な二重性にたいして Verwinduug というカテゴリーの意味論の特徴をなしている二重性にも、構造上のヴァリエーションを生み出す。そこに第一の意味とならんで同時に含意されているものは、たんにその第一の意味と対立するものではなくて、時間的・空間的な（あるいは構造的な）二重の意味で相違するものであるからである。ここから、問題となっている辞項間に射傾的な（obliquo）関係が確立されることとなる。「歪曲」は「遂行」の対立物ではなく、むしろ、遂行の一様態であることを指し示している。“rimettersi a” はそれ自体が “rimettersi da” であることを指し示している。病気からの回復を、あくまでも事態の推移に身をゆだねつつ図ろうとするのであって、暴力的に病気に刃向かって病状の進行を押しとどめるようなことは差し控える、等々。この意味において、Verwindung は Aufhebung〔止揚〕の、ただし、解釈学が明るみに出してきた歴史的経験に沿うかたちで修正された再解釈であると言うことができる。

『解釈を超えて』（一九九四年）では、ヴァッティモによって解釈学にあたえられた「ニヒリズム」的なトーンは循環的、反省的で、よりいっそう本来の意味で思弁的な性質をおびるにいたっている。そこでは、循環性は主題にかかわる役割以外にも、方法論的な役割を果たしている。「ニヒリズム」というのは、もともとは時代の歴史的性格を言い表わすためのテーゼであった。しかし、提出されるやいなや、その言葉にはらまれているメタ理論的な意味の重みによって凌駕されてしまったことが明らかになる。ニヒリズムというのはこれまで西洋の存在論がたどってきた推移そのものにほかならない。もろもろの伝統的な哲学的カテゴリーの重みがしだいに稀薄になり空疎になっていく過程、プラトン的＝アリストテレス的な〈存在〉概念が弱体化していく過程にほかならない。このような事実状況（このことの確認は当初から歴史的な解釈にもとづく確認であると言明されている）を受けて出てきた態度こそがVerwindungとポストモダンの「ポスト」の同一視を定義している相手の言うことをそのまま聞き届けてやろうとするニヒリズム（nichilismo d'assecondamento）にほかならないのである。

したがって、そこにはひとつの事実上の事態がある。それは〈存在〉がしだいに（ヴァッティモの言葉に従うなら）「消尽」されていくことによってあたえられる。そしてまたこの事態の結果生じたひとつの態度のとり方がある。もろもろの伝統的カテゴリーの重みが稀薄になっていって、思考の力が弱くなっていくというのが、それである。けれども、ここで注意をうながしておかないといけないのは、第二の側面は反省的で遡及的なものであるということ、それは第一の側面に重大な意味変更をもたらすということである。じっさいにも、理論的言説が弱体化するということは、見てきたように、とりわけ、哲学的な言語活動と事物の状態との記述的な連関性が弱まるということにほかならない。このようなわけで、言説の出発点となるもろもろの前提は、（一）前ヘーゲル的な意味においての前提を規準にして描き出すことはできないのであり、（二）理論ないし世界観、つまりは世界の構造にかんする立場のとり方を規準にして評価することもできないのである。

7　議論と来歴

理性のアンチノミーについてのこのタイプの解決策が哲学を解消してしまうものであるどころか、哲学の存在意義そのものを規定していて、哲学にとってどれほど重要なものであるかは、ヴァッティモが一九九三年の論文「議論への権利」（ヴァッティモ編『哲学一九九二年度』所収）で簡潔に取り組んだ、解釈学的議論の諸原理を描き出そうとする試みのなかで明らかにされている。そこでは二つの基本的な与件が姿を見せている。哲学がいまだになお——置かれている条件こそ変化したものの——全体にかんする言説でありつづけていることの権利と、議論（argomentazione）と来歴（provenienza）との結びつきがそれである。
ここで哲学によって提出された全体性への権利は、世界観の「表明」への権利[49]として描き出されうるものでもなければ、恣意的な「創造[50]」として提起されうるものでもない、とヴァッティモは書いている。いずれにしても、それはなんらかの事物にたいする忠誠ないし首尾一貫性の関係のなかで生じるものでなければならない。じじつ、どのような第一哲学も、現実には第一〔最初の〕哲学ではない。ある問題の定立、あるいはある問いの定式化は、いずれも「先行者から受けとり、継承してきて、すでに自分で自由に処理しうるようになったもろもろの問い[51]」の結果であるからである。また、同じ理由で、どんな哲学も「これまで争われてきた議論を〔実験によって〕決然と断ち切ること」はできない[52]（このことは、言論には絶対的な始まりもなければ絶対的な項もないということを意味している）。

「先行者から受けとり、継承してきて、すでに自分で自由に処理しうるようになった」もろもろの問いに答えようとする試みであるかぎりで、あらゆる理論、あらゆる「議論のくわだて」は、性質を大きく異にしたさまざまな前提に立脚している。ひいては、「不純な」ものであらざるをえない[53]。多種多様な問いと答えが過去からわたしたちのもとへやってくる。そして解釈も、答えるべき問いを選択的に識別する行為であるかぎりで、「整頓的」かつ構成的な性質をもつ。解釈の任務は、究極的には、伝統を構成しているさまざまな与件を整頓して対話のなかに置く（それらの与件との対話に入る）ことなのだ[54]。だが、自由に処理しうるものは過去からやってきたものである以上、わたしたちが利用することのできるア・プリオーリの形式もまた「来歴をもつ」のであって、一度形成されたら永遠に固定しうるものでもなければ、記述可能なかたちで形象化しうるものでもない（ア・プリオーリは「自然言語――深く歴史性を刻印された――のうちに書き記されているのであって、そこにダーザインはそのつど投げ入れられるのである[55]」）。だから、経験の与件は哲学的に絶対的なかたちでは整頓できないというのが本当なら、わたしたちが経験のうちに秩序を招き入れるために利用するア・プリオーリについても所与の秩序は存在しないというのも、本当なのである。したがって、哲学が伝統の生成変化に忠実でありつづけようとするなら、とりうる実行手段は対象を客観化することではない。そうではなくて、客観化に先立って生起していて真理の条件を「開く」ような「出来事」にまで遡及していくことこそが、とりうる手段なのだ[56]。

最後に、そのような遡及の形式も内容もともに参加的ならびに対話的な仕事の成果である。そして、過去を解体し再構築するための基準もまた、それ自体、参加的ならびに対話的なかたちで見いだされるのである。

見られるように、哲学が議論的な性格をもつことと来歴をもつこととの関係は、ガダマーが「解釈学的に教育された意識」と呼ぶものから生じる。わたしたちは歴史的にすでにとられてきた道を考慮することなしには議論することができないのであり、それらの道を「もうこれ以上歩みつづけるべきではない」と見さだめたときにはじめて議論を開始することができるのである。またわたしたちは議論が無意識のうちにであれ人びとのあいだで取り交わされているさまざまな意見や取り決めの織物に所属しているということを承認することなしには議論することができないのであり、さらには時代が「必要としている」ものをみずからに問うてみることなしには（あるいは手に余るものを時代に提供するのを避けることなしには）議論することができないのである。最後にはまた、自分が偏愛するものや主観的に明証的であると思われるものだけにもとづいて議論することもできないのである（ここからは、そうした観点が方法を踏み外していると同時に一部のものだけを選り好みしていることが明らかとなる）。

しかしまた、以上のようなヴァッティモの問題の立て方全体のうちでもとりわけ注目されるのは、一見ハイデガー的な存在論のもつ重みを軽減しているようにみえるこの「都会化」が、論理的にも歴史的にも必然的な意味をもつものとして擁護されていることである。哲学的言説をさまざまな社会的、政治的、歴史実用論的裁定へと開くことは、だれよりもまずハイデガー自身が探求していた、伝統的存在論の「開け放ち」そのものに含意されている要求への回答なのだ（少なくともいまの場合にはそうであるようにみえる）。全体にかんする問いは、ここでは不可避的に、どんな声でもそれに虚心坦懐に耳を傾けて聴き取ることへと転化する。

ヘーゲルの場合には、前提となる全体、哲学の参照すべき宇宙は、有〔存在〕と非有〔非存在〕をともに含んだ矛盾した全体である（「Xと非Xの双方がいっしょになって宇宙を究めつくす」という原理によって固定された「ブール型」*世界）。また、ハイデガーやヤスパースの場合には、全体は人間の生とそれに特有のパラドクス的な構造を含んだ包括的な地平である。これにたいして、ここでヴァッティモが構想しているようなタイプの解釈学的存在論の場合には、哲学が参照する全体はあらかじめ記述することの不可能な開かれた領域であって、そこでは歴史と言語活動と両者のさまざまな文化的混淆物が哲学に〈思考すべきもの〉を提供するのである。参照すべき宇宙はもはや〈存在〉と思考、理性的なものと現実的なもの、肯定と否定、等々の混淆体だけではない。また、キルケゴールによって描かれ、実存主義によって受け継がれてきたパラドクス的な形態をとった実存の構造だけでもない。そうではなくて、それは異質的なものからなる多様な形態をとった全体、そして根本的には「不連続の」全体である。このような全体をヴァッティモは解釈学的事実を構成している〈存在〉―歴史―言語活動のうちに見てとるのである。

＊　コンピュータのプログラミング言語であつかう変数や定数の型のうちでも、真と偽の二種類の値だけをあつかうもっとも単純な構造の型をいう。

ここで提起されると予想される二つの問題は来歴の規範性と同定可能性にかかわる問題である。どのようにすれば来歴にたいして選択的にはたらきかけることはできるのだろうか。伝統の声のうち、どれに耳を傾け、どれを捨てるべきなのだろうか。さらには、だれが伝統への真正な「回答」をなんらかの恣意的な表現ないし構築から区別することができるのだろうか。これらの問いを前にして、ハイデガー的＝解釈学的な解決策はなんであるかといえば、それは、知られているように、方法を踏み外したかたちで（主体的判断の放棄ないし没主体的な聴き取りというかたちで）回答を立てることにある。だが、もっと根源にまで突きつめてみるなら、来歴の理論自体が、解釈学的にみた場合、主題的かつ方法的に取り組んでいる対象にたいして理論化をもくろむ主体はけっして完全には支配権を行使できないということを含意していると言えるのではないかと思われる。いいかえるなら、さまざまなメタ理論的および方法論的な決定の領域は対象のほうに移し換えられるのだ。

じっさいにも、主題の位置している次元のほうこそが方法論的な選択の性質を決定するのであり、〈存在〉の選択が実存的＝歴史的な根拠の異質性と不純性、さらには独特の〈総合なき弁証法〉を生み出すのである。そして、この弁証法のなかでこそ、弱い思考は展開していくのである。最終的には二値的な全体性としての精神の世界という理念（肯定と否定、主観的なものと客観的なもの、有限なものと無限なもの、等々の具体的総合としての全体性という理念）がヘーゲルに思考の方法論として弁証法を選択させたように、異質的なものからなる全体性としての〈存在〉を主題として選択したことが来歴の方法論、ひいてはまた参加の方法論を生み出すのである。

8　本　書

ヴァッティモはたしかに「技術の哲学者」のひとりである。科学技術が発展をとげてきた現代という時代にたいして、それに非難を浴びせるようなことはせず、また科学技術の発展の成果を非難するのではなく、彼の言葉を借りるなら、「その呼びかけに耳を傾ける」ことによって理解しようと試みてきた思想家のひとりなのだ。だが、この意味での彼の仕事は『解釈を超えて』（一九九四年）とともに終わったと言える。同書は彼の書いた見まがいようもなく「哲学的な」最後の本である。その後、『信じていると信じること』（一九九六年）とともに、ヴァッティモはまったく新しい道をたどり始める。そして、その道は従来とは大きく異なった哲学的闘争の形態へと彼を導いていく。書き方そのものも著しく簡素化され、かつての書き方を特徴づけていた哲学的伝統へのさまざまな参照指示やもろもろの専門用語使用との多くの結びつきを失っていく。

強調しておくべきは――このことはここに提示するテクストが確認させてくれるとおりなのだが――、これは反作用的な相殺措置のひとつの形態でもなければ、哲学からの離反を意味するものでもなく、ある一定のプロセスが目標地点まで到達したものであったということである。思うに、それはヴァッティモが実践してきたようなタイプの哲学に典型的なプロセスがおのずと目標地点まで到達したものであったのだ。そのタイプというのはマルクス主義が隆盛をきわめていた時代を想起させる名前を用いて「具体的理論」と呼んでしかるべき哲学のタイプである。

政治へと移行していくなかで（あるいは本書において皮肉をこめて言われているように、政治へと「転落」するなかで）、ヴァッティモは彼の思想を形づくっているもろもろのカテゴリーが本来具えていた思弁性（反照性、あるいは解釈と実践の混合）のひとつの「側面」を発展させる以外のなにもしてこなかった。そして、そこでは、ヘーゲル的な弁証法と後期ハイデガーの思想の特徴をなしているポスト弁証法的な思弁（『哲学への寄与論稿』以来、ハイデガーは一連の循環、繰り返し、反復のうちに身を投じ、ときには捕らわれてしまっているのがうかがわれる）の双方が独創的なかたちで再解釈されている。したがって、この一見「存在的なもの」への移行とみえるものには、ひとつの哲学的な必然性ないし運命が表明されている（それはニヒリズムが古典的な形而上学を構成してきたもろもろのカテゴリーを意味論的な横滑りとフーガのもとに置くのにはそれなりにひとつの「論理」があるのと同じである、とヴァッティモは述べている）。本書はこの必然性を理解するための多くの糸口を提供してくれているのではないかと思う。

話は三拍子で展開する。第一に、ヴァッティモは哲学的実践についての自分のヴィジョンが科学から距離を置いたものでありながらも（自分を科学であると定義しようとする哲学は、つねに同時に科学そのものを再定義することを余儀なくされているのだ。このことはフッサールの場合がみごとに立証してみせているとおりである）、文学、社会学、文化科学、あるいはまたなんらかの自由奔放な文学的＝芸術的形態への同化を追求しようとするものではまったくない理由を明らかにする。ヴァッティモの仕事で重要であったと思われるのは、このように哲学を科学（精密科学および自然科学）からも人文学や芸術からも明確に区別されたものとして思い描いてきたことである。が、それが「区別された」ものとして思い描かれてきたのは、まさしく、それらの学問や芸術すべての根底にあるもろもろの問題状況に哲学も巻きこまれて深刻な危機に見舞われ、それぞれの文化的実践と類似し重複する無数の結びつきによって結ばれてきたからにほかならないのだった。

第二に、ヴァッティモは本書で真理概念についての彼の解釈を明示している。真理をとるか友愛をとるかというアリストテレス的な二者択一を前にして、彼が友愛のほうに票を投じていることは明らかであるが、ただし、それはあくまでも真理についての哲学的な理論がポリスを忘却するわけにはいかないからである。ポリスこそは真理についての哲学的な理論がそこから生まれ、そこへと差し向けられている地盤にほかならないのだ。そこで、言葉を事物に適合させることとしての真理よりは、なによりも出来事である〈存在〉と、なによりも対話である（さきにも述べたように、これはとりもなおさず、参加ということでもある）主体への「忠誠」について語られることとなるのである。

このことは、論理から離れてレトリックの味方をすることを含意しているわけではまったくなければ、歴史的かつ理論的な動機の点からみて無責任な選択をしているということでもない。「理性のあずかり知らぬもろもろの理由」と題された最近のテクスト[57]のなかで、ヴァッティモはこの問題を立ちいって論じて、「心の理由」の擁護が丹精をこめた悟性の仕事によってどれほどみごとに支持されるものかを（再度）証明してみせている。真理、あるいは事物と言葉の合致と称されるものにたいして、（キリスト教が「ドストエフスキー的な」読解のなかでそうあってほしいと願っているように）友愛ないしピエタースが相対的に優位を占めていることについては、現代の多くのヨーロッパの思想家が見解の一致を見ている。レヴィナスは「他者」の尊重ということを主張しており、ハーバーマスは青年ヘーゲルの愛の学説と生活世界でのさまざまなコミュニケーション的実践の意義を強調している。だが、厳密な意味での存在論的な選択のみが、ヴァッティモの見解によると、これらの観点が外見上はそうと見えない理論的ドグマティズムに陥ってしまうのを回避できるのだった（たとえば、レヴィナスの場合には、他者がいつのまにか超越的な〈他者〉へと変容してしまっており、ハーバーマスの場合には、コミュニケーション的行為は絶対的に透明なものであらねばならないという命法をつうじて、いつのまにか絶対的な理性がふたたび主張される結果となってしまっている）。この存在論的選択は出来事としての〈存在〉、〈存在〉の出来事性にかなった方向でなされるのであり、なされなければならない、と言われている。だから、明らかに、本書で確認されているように、ヴァッティモは友愛（ガダマーが理論を基礎づける任務をそれに託している参加）を「真理のもろもろのパラドクス」がつねに新たにそのつど実現と解決を見いだす領域と考えている。これは、実践理性の至上性にたいしてくわえられた微妙な、しかしまた決定的な変更である。ここで主張されているのは参加的理性の至上性にほかならない[58]。

最後に、哲学における責任、召命、運命について論じられている本書の最終章は、現代の哲学的実践がどれほどさまざまな緊張に満ちたものであるかを理解するための鍵をわたしたちに提供してくれる。歴史家と理論家、ジャーナリストとして活躍する哲学者と大学教授として教育と研究指導の任務を遂行する哲学者、専門的な哲学研究と「人類の公僕」としての哲学者の使命とのあいだの緊張、等々。これらの緊張は、ヴァッティモによると、とりわけ、みずからの有限性を背負いつつ、それを政治と宗教を鍵として解放と救済に向けて錬成していくような思考にとってこそ、理解可能なものとなるのであり、全面的に体験することができるようになるのである。本書は（弱い思考のアイロニーがそう定義することを許してくれるなら）歴史的＝政治的＝宗教的な崇高の理論と定義できるようなものでもって締めくくられている。「ポリス」の観点がつねに思考に提起する不釣り合いなものであると同時に親密なものでもある理論と言ってもよいだろうか。どうやらヴァッティモによると、わたしたちが全面的に哲学者であるためには、全体性（存在論的または論理学的な意味での全体性であろうと、政治的または宗教的な意味での全体性であろうと）を見据えるのではなくて、わたしたちがどれほどそうした全体性から遠く離れたところにいるかということをたえず見据えていなくてはならないようである。だが、この意味では、ひとはだれでも人生の折々に自分が「哲学者」であると名のることができるにちがいないのではないだろうか。また「哲学者」でありうるにちがいないのではないだろうか。ひとはだれでもみずからの限界のうちにあって「自分を見据える」というこの特権をもつことができるにちがいないのではないだろうか。それは典型的に「ヨーロッパ的な」特権である、とヴァッティモは述べている。

（1）　弱い思考の根拠は強いというよりもむしろメタ理論的なものであるということはすでに確認されているところである。Cf. A. Magris, "I forti impegni del pensiero debole. Un seminario di Gianni Vattimo a Venezia," *aut-aut*, 273-74（1996）. マグリスはヴァッティモの言説的立場が基本的にヘーゲル的なものであることを強調している（この点についてはわたしたちものちに立ち戻るだろう。また、この点はヴァッティモ自身も本書の二一ページで確認している）。G. Basti et A. Perrone, "Le radici forti del pensiero debole: nichilismo e fondamenti della matematica," numero speciale di *Con-tatto*（1992）; D. Antiseri, *Le ragioni del pensiero debole: domande a Gianni Vattimo*（Borla, Roma 1993）; A. Staquet, *La pensée faible de Vattimo et Rovatti: une pensée fable*（L'Harmattan, Paris 1996）も参照されたい。この解説で言及するヴァッティモのテクストは、主として、『差異の冒険』（一九八〇年）、『弱い思考』（P・A・ロヴァッティとの共編著、一九八三年）、『近代的なものの終焉』（一九八五年）、『解釈を超えて』（一九九四年）である。

（2）　この批判はL. Pareyson, "La filosofia e il problema del male," *Annuario filosofico*, 2（1986）の結語

のうちに透かし見るように読みとることができる。

（3） 以下のテクストを参照のこと。"Dialettica, differenza, pensiero debole," in: Vattimo-Rovatti（eds.）, *Il pensiero debole*（Feltrinelli, Milano 1983）; "Le deboli certezze," *Alfabeta*, 67（1984）; "Perché 'debole'," in: J. Jacobelli（ed.）, *Dove va la filosofia italiana?*（Laterza, Roma-Bari 1986）; *Oltre l'interpretazione*（Laterza, Roma-Bari 1994）.

（4） つまり、「理念的な数」、あるいは哲学的な数計算の級数は「三」にまでしか到達することがないのだ。そして、このことはヘーゲルの弁証法が超克不可能なものであることから確認される。ヘーゲルはおそらく初めて、ただちに（アリストテレスのようには）二から一へふたたび落ちこむことなしに、三までを数えることに成功したのだった（これは「一」と「無規定な一対」との二元論に囚われていたプラトンもなしえなかったことである）。ヴァッティモとは異なって、わたしは弁証法のようないくつかの哲学的「発見物」には客観性があると考えている。いまの場合でいえば、すなわち、哲学においては第三のレヴェルは第一のレヴェルへふたたび落ちこもうとする傾向にあるという点にかんしていうなら、ヘーゲルの弁証法はひとつの客観的な獲得物を構成していると思っている（もっとも、参照枠組みが変われば、すなわち、哲学の数学ではなくて、たとえば実存性が問題となる場合には、話は変わる）。本書の三五ページでは、ヴァッティモも、弁証法が——あくまでもいくつかの歴史的‐言語的な前提のもとにおいてではあるが——一定の客観性をもっているということを認める立場に接近している。

（5） たとえば、スタンリー・フィッシュ〔一九三八‐。アメリカ合州国の文学理論家〕の立場がそうである。彼は目下のところ、おそらく、「いっさいは解釈である」というテーゼの（あるいは他の類似したテーゼの）もっともラディカルな主張者である。Cf. Stanley Fish, *The Trouble with Principle*（Harvard University Press, Cambridge（Mass.）1999）.

（6） Claudio Ciancio, *Il paradosso della verità*（Rosenberg & Sellier, Torino 1999）は、言説のこの三重

のレヴェルをきわめてはっきりと明るみに出している。そして、（パレイゾンおよびヴァッティモ自身の思想の背景をなしている）解釈学的存在論の観点は、たんに客観性を否認しようとしたものではなく（またありえず）、客観性を別のレヴェルに、まったく特殊な種類のメタ言説のレヴェルに位置づけようとしたものであることを証明してみせている。

（7）ヴァッティモは、リチャード・ローティの『偶然性・アイロニー・連帯』（一九八九年）における描写にしたがって、ひとりの典型的な「アイロニカルな」哲学者であると（以下に述べるような若干の訂正をほどこしたうえで）定義することができる。

（8）G. Vattimo, *Oltre l'interpretazione. Il significato dell'ermeneutica per la filosofia* (Laterza, Roma-Bari 1994), p. 9.

（9）アメリカ合州国の哲学的文化でポストモダンの波が高まり、デリダ的ディコンストラクションが流行するようになったのは、たしかにネオ構造主義のインパクトに負うところが大きい。この二つの哲学的（および文化的）傾向は分析系哲学と大陸系哲学との関係を悪化させ、それまでは相互に無関心でいたのがある局面にいたって論争を闘わせるまでになった。

（10）ネオ構造主義ないしポスト構造主義についての最良の批判は Pascal Engel, "The Decline and Fall of French Nietzscheo-structuralism," in: B. Smith (ed.), *French Philosophy and the American Academy* ("The Monist" Philosophical Library, Open Court, La Salle (Ill.) 1994) である。そこでは、ドゥルーズの思想には機会がいくつもありながら失われてしまったことを惜しみつつ、このテーマについても展開がなされている。同様の問題提起はヴァッティモによってもデリダの『エクリチュールと差異』のイタリア語版への序論（一九九〇年）でなされている。

（11）このタイプの論争では、おそらくアントナン・アルトー〔一八九六―一九四八。フランスの俳優・詩人・劇作家。カール・ドライヤー監督の『裁かる、ジャンヌ』（一九二七年）に修道士ジャン・マシュー役で出演している〕のような登場人物しか一貫した立場を貫くことはできないのではないだろうか。彼らはこの種の矛盾を向こう見ずにも身をもって生きたのだった。

（12）これは E. Berti, *Le vie della ragione*（il Mulino, Bologna 1987）, pp. 176–78 によって強調されている点である。

（13）存在論と神学と論理学の相違の問題については、Virgilio Melchiorre（ed.）, *La differenza e l'origine*（Vita e Pensiero, Milano 1987）を参照。

（14）G. Vattimo, *Le avventure della differenza. Che cosa significa pensare dopo Nietzsche e Heidegger*（Garzanti, Milano 1980）, p. 73.

（15）Ibid., p. 74.

（16）ドゥルーズについては、とくに *Différence et répétition*（PUF, Paris 1968）; *Critique et clinique*（Minuit, Paris 1993）を参照。これらの著作からは、ハイデガーの存在論的提案が位置しているポスト・カント主義的次元をドゥルーズが受容しようとは欲していないことが明らかになる。G. Vattimo, *Al di là del soggetto*（Feltrinelli, Milano 1981）, pp. 31-32 におけるドゥルーズの存在論主義への批判を参照。現代フランス哲学における差異の問題状況については、M. Ferraris, *Differenze. La filosofia francese dopo lo strutturalismo*（Multhipla, Milano 1981）; C. Sini, "Identità e differenza nella filosofia francese contemporanea," in: Melchiorre（ed.）, op. cit.; F. Borutti, "Il nichilismo ontologico di Deleuze," in: Melchiorre（ed.）, op. cit. を見られたい。

（17）このテーマにかんするセヴェリーノのもっとも重要な著作は以下であろう。E. Severino, *Gli abitatori del tempo. Cristianesimo, marxismo, tecnica*（Armando, Roma 1978）; *La struttura originaria*（Adelphi, Milano 1981, 1 a ed. 1972）; *Essenza del nichilismo*（Adelphi, Milano 1982, 1 a ed. 1972）.

（18）Vattimo, *Le avventure della differenza* cit., pp. 74-75.

（19）まずもっては、G. Vattimo, "L'ontologia ermeneutica nella filosofia contemporanea". Introduzione a: H.-G. Gadamer, *Verità e metodo*, trad. it. di G. Vattimo（Fabbri, Milano 1972）を参照。ついでは、

"Ragione ermeneutica e ragione dialettica," in: *Le avventure della differenza* cit.; "Dialettica e differenza," in: *Le avventure della differenza* cit.; "Postilla 1983," in: H.-G. Gadamer, *Verità e metodo*（2a ed.: Bompiani, Milano 1983）を参照。このテーマをめぐってはヴァッティモの観点に変化と進展の過程がみられることに注意されたい。当初はヘーゲル主義にたいして陰に陽に共感を寄せていたのが、やがて断固として距離をとるようになり（これはおそらくフランスの思想家たちとの接触が緊密なものになっていったのと符節を合わせている）、最後にはふたたびヘーゲルへの接近を深めていっている。ヴァッティモ版「弱い思考」が濃厚にヘーゲル的な色彩をおびていることについては、A. Magris, "I forti impegni del pensiero debole" cit. を見られたい。しかしまた、G. Vattimo, *Oltre l'interpretazione* cit. も参照のこと。

(20) Cf. Vattimo, *Le avventure della differenza* cit., p. 174.

(21) Cf. ibid., pp. 178–179.

(22) Ibid., p. 181.

(23) Ibid., p. 191.

(24) Ibid., p. 191–192.

(25) Ibid., p. 183.

(26) Ibid., p. 183.

(27) Vattimo et Rovatti（eds.）, *Il pensiero debole* cit., p. 8.

(28) ヴァッティモとロヴァッティにおける「弱い」という術語の受けとめ方に異同が認められることについては、A. Staquet, op. cit. が明らかにしている。

(29) Vattimo et Rovatti（eds.）, *Il pensiero debole* cit., p. 50.

(30) 別の場所でロヴァッティはそのテーマについてさらに倫理的・美学的な解釈を提供することとなる。Cf. P. A. Rovatti et A. Dal Lago, *Elogio del pudore. Per un pensiero debole*（Feltrinelli, Milano

1989).

(31) Vattimo et Rovatti (eds.), *Il pensiero debole* cit., p. 79.

(32) Ibid., p. 89.

(33) ゲーデルのヘーゲル主義、そしてまた弁証法と回帰性の連関については、M. Kosok, "La formalizzazione della logica dialettica hegeliana," in: D. Marconi (ed.), *La formalizzazione della dialettica. Hegel, Marx e la logica contemporanea* (Rosenberg & Sellier, Torino 1979); P. Yourgrau, *The Disappearance of Time. Kurt Gödel and the Idealistic Tradition of Philosophy* (Cambridge University Press, Cambridge 1991); H. Wang, *A Logical Journey. From Gödel to Philosophy* (MIT Press, Cambridge (Mass.) 1996) を見られたい。

(34) Vattimo et Rovatti (eds.), *Il pensiero debole* cit., p. 12.

(35) Ibid., p. 17.

(36) Ibid., p. 16.

(37) ヘーゲルへの代替肢として提起された合理的アンチノミーの思想の進展については、Ciancio, *Il paradosso della verità* cit. を見られたい。

(38) G. Vattimo, *La fine della modernità. Nichilismo ed ermeneutica nella cultura postmoderna* (Garzanti, Milano 1985), p. 31.

(39) Ibid., p. 33.

(40) Ibid., p. 34.

(41) J.-F. Lyotard, *La condition postmoderne. Rapport sur le Savoir* (Les Editions de Minuit, Paris 1979). 〔小林康夫訳『ポストモダンの条件』(書肆風の薔薇、一九八六年)〕

(42) 哲学におけるポストモダンとそれにたいするヴァッティモの立場については、とりわけ、G. Fornero, "Postmoderno e filosofia," in: N. Abbagnano, *Storia della filosofia*, vol. IV-2 (UTET, Torino

1996）を見られたい。

（43） Vattimo, *La fine della modernità* cit., p. 172.

（44） Ibid., p. 173.

（45） Ibid., pp. 172-74.

（46） この点はとりわけ D. Antiseri, *Le ragioni del pensiero debole: domande a Gianni Vattimo*（Borla, Roma 1993）によって強調されている。Fornero, op. cit. も参照のこと。

（47） Vattimo et Rovatti（eds.）, *Il pensiero debole* cit., p. 21.

（48） Ibid., p. 22.

（49） G. Vattimo（ed.）, *Filosofia '92*（Laterza, Roma-Bari 1993）, p. 63.

（50） Ibid., p. 64.

（51） Ibid., p. 62.

（52） Ibid., p. 62.

（53） Ibid., p. 60.

（54） Ibid., p. 66.

（55） Ibid., p. 68.

（56） Ibid., p. 67.

（57） このテクストは、一九九九年十二月パリで開催された会議《二十一世紀――なんの後なのか》において読まれた。

（58） Cf. F. D'Agostini, "Theoria, teoria, transtheoria," *Lettera matematica pristem*, 30, 1999. この論文のなかで、わたしはそうした側面がカント以後の哲学的実践の進展一般と比較した場合の特別の新しさであるとみなされるべき理由を明らかにしようと試みた。ニヒリズムにかんして言われていることについては、ヴァッティモの言説はこの形態の解釈学的ヘーゲル主義とローティのプラグマティズムの共通点を確認する可能性をも否定することになっていると思う（R. Brandom, *Making It Explicit. Reasoning, representing and discursive commitment*〔Harvard University Press, Cambridge（Mass.）1997〕）も参照のこと）。ヴァッティモがローティと距離を置いていることは、本書の九三ページからもうかがえる。

訳者あとがき

本書は Gianni Vattimo, *Vocazione e responsabilità del filosofo*, a cura di Franca D'Agostini (il nuovo melangolo, Genova 2000) の翻訳である。ニーチェからハイデガー、さらにはガダマーへとつながっていく哲学的解釈学の流れを汲んだところから、とりわけ一九八〇年代に入って「弱い思考」を提唱したことで知られる著者の、二〇〇〇年時点における立場が簡潔に表明されている。

しかし、「弱い思考」にいたる経緯とその後の展開のもつ意義については、原著に序文として添えられている編者フランカ・ダゴスティーニの長文の解説「弁証法、差異、解釈学、ニヒリズム——弱い思考の強い根拠」に委ねさせていただく。管見のかぎりではあるが、この解説はこれまでヴァッティモの思想について書かれたもののなかで最良の部類に属するものとみてよい。なお、最近出た英語版、Gianni Vattimo, *The Responsibility of the Philosopher*, edited with an Introduction by Franca D'Agostini, translated by William McCuaig (Columbia University Press, New York 2010) には、ダゴスティーニが二〇〇九年に英語版のために書いた「後記」が付されており、二〇〇〇年以後ヴァッティモの思想が示してきたさらに新たな展開についても若干の考察がなされている。

ここでは著者の経歴を簡単に紹介しておくとして、ジャンニ（ジャンテレジオ）・ヴァッティモは一九三六年一月四日トリーノに生まれ、苦学しながらトリーノ大学文哲学部に進む。一九五九年、「アリストテレスにおける行為の観念」で同大学から学位を取得。指導教授は哲学者のルイージ・パレイゾン（一九一八―一九九一）であった。学位取得後ハイデルベルク大学に留学し、カール・レーヴィットとハンス＝ゲオルク・ガダマーの薫陶を受ける（一九七二年にはガダマーの『真理と方法』のイタリア語訳を手がけてもいる）。

イタリアに帰国後の一九六四年、トリーノ大学で講師に採用され、一九六九年に同大学の美学講座正教授に就任。さらに一九八二年からは理論哲学講座の正教授を務める。その間、アメリカ合州国のさまざまな大学で客員教授を歴任。『ラ・スタンパ』、『レプッブリカ』、『エスプレッソ』などの新聞・雑誌の論説委員も兼務。

また、急進党（Partito Radicale）に始まって、トリーノ同盟（Alleanza per Torino）、左翼民主党（Democratici di Sinistra）、イタリア共産主義者党（Partito dei Comunisti Italiani）と、情勢の変化に対応して所属党派をつぎつぎに変えていきながら、政治活動も積極的に展開。現在はヨーロッパ議会の議員でもある。

主要な著作につぎのものがある。

『アリストテレスにおける行為の観念』*Il concetto di fare in Aristotole*（Giappichelli, Torino 1961）

『ハイデガーにおける存在、歴史、言語』*Essere, storia e linguaggio in Heidegger*（Filosofia, Torino 1963）

『マルティン・ハイデガーの思想における芸術と真理』*Arte e verità nel pensiero di Martin Heidegger*（Giappichelli, Torino 1966）

『詩と存在論』*Poesia e ontologia*（Mursia, Milano 1967; seconda ed. aumentata 1985）

『ニーチェにかんする仮説』*Ipotesi su Nietzsche*（Giappichelli, Torino 1967）

『シュライアーマッハー解釈学入門』*Introduzione all’ermeneutica di Schleiermacher*（Giappichelli, Torino 1967）

『解釈の哲学者シュライアーマッハー』*Schleiermacher filosofo dell’interpretazione*（Mursia, Milano 1968）

『ヘーゲル美学入門』*Introduzione all’estetica di Hegel*（Giappichelli, Torino 1970）

『ハイデガー入門』*Introduzione a Heidegger*（Laterza, Roma-Bari 1971）

『芸術とユートピア』*Arte e utopia*（Litografia artigiana M & S, Torino 1972）

『主体と仮面――ニーチェと解放の問題』*Il soggetto e la maschera. Nietzsche e il problema della liberazione*（Bompiani, Milano 1974）

『差異の冒険――ニーチェとハイデガー以後思考するとはなにを意味するのか』*Le avventure della differenza. Che cosa significa pensare dopo Nietzsche e Heidegger*（Garzanti, Milano 1980）

『主体の彼方――ニーチェ、ハイデガー、解釈学』*Al di là del soggetto. Nietzsche, Heidegger e l’ermeneutica*（Feltrinelli, Milano 1981）

『弱い思考』（ピエル・アルド・ロヴァッティとの共編著）*Il pensiero debole*, cur. con Pier Aldo Rovatti（Feltrinelli, Milano 1983）〔近く日本語訳が法政大学出版局から出版される予定である〕

『ニーチェ入門』*Introduzione a Nietzsche*（Laterza, Roma-Bari 1985）

『近代的なものの終焉――ポストモダン文化におけるニヒリズムと解釈学』*La fine della modernità. Nichilismo ed ermeneutica nella cultura postmoderna*（Garzanti, Milano 1985）

『透明な社会』*La società trasparente*（Garzanti, Milano 1989）

『解釈の倫理』*Etica dell'interpretazione*（Rosenberg & Sellier, Torino 1989）

『哲学の現在』（対談集）*Filosofia al presente*. Conversazioni con F. Barone, R. Bodei, I. Mancini, V. Mathieu, M. Perniola, P. A. Rovatti, E. Severino, C. Sini（Garzanti, Milano 1990）

『解釈を超えて――哲学にとっての解釈学の意義』*Oltre l'interpretazione. Il significato dell'ermeneutica per la filosofia*（Laterza, Roma-Bari 1994）

『信じていると信じること』*Credere di credere*（Garzanti, Milano 1996）

『技術と実存――二十世紀の哲学地図』*Tecnica ed esistenza. Una mappa filosofica del Novecento*（Paravia Scritorium, Torino 1997; Bruno Mondadori, Milano 2002）

『哲学者の使命と責任』*Vocazione e responsabilità del filosofo*, a cura di F. D'Agostini（il nuovo melangolo, Genova 2000）〔本書〕

『ニーチェとの対話――論考集一九六一–二〇〇〇』*Dialogo con Nietzsche. Saggi 1961–2000*（Garzanti, Milano 2001）

『キリスト教信仰の後――非宗教的キリスト教のために』*Dopo la cristianità. Per un cristiane-*

simo non religioso（Garzanti, Milano 2002）

『ニヒリズムと解放――倫理・政治・法』*Nichilismo ed emancipazione. Etica, politica e diritto*, a cura di S. Zabala（Garzanti, Milano 2003）

『宗教の未来』（リチャード・ローティとの共著）*Il futuro della religione*, con Richard Rorty, a cura di S. Zabala（Garzanti, Milano 2005）

『他者の生――形而上学抜きの生命倫理学』*La vita dell'altro. Bioetica senza metafisica*（Marco Editore, Lungro di Cosenza 2006）

『真理か、それとも弱い信仰か――キリスト教と相対主義にかんする対話』（ルネ・ジラールとの共著）*Verità o fede debole? Dialogo su cristianesimo e relativismo*, con René Girard, a cura di P. Antonello（Transeuropa Edizioni, Massa 2006）

『神は存在しない――連弾式自伝』（ピエルジョルジョ・パテルリーニとの共著）*Non essere Dio. Un'autobiografia a quattro mani*, con Piergiorgio Paterlini（Aliberti, Reggio Emilia 2006）

『このコミュニストを見よ――過去の姿に戻るにはどうすればよいのか』*Ecce comu. Come si ri-diventa ciò che si era*（Fazi, Roma 2007）

『真理よ、さらば』*Addio alla Verità*（Meltemi, Roma 2009）

『解釈学的コミュニズム――ハイデガーからマルクスへ』（サンティアゴ・サバラとの共著）*Hermeneutic Communism: from Heidegger to Marx*, con Santiago Zabala（Columbia University Press, New York 2011）

最後ながら、編集を担当してくださった法政大学出版局の奥田のぞみさんに感謝する。

二〇一一年九月

上村忠男

《叢書・ウニベルシタス　965》
哲学者の使命と責任
2011年10月20日　　初版第1刷発行

ジャンニ・ヴァッティモ
上村忠男 訳
発行所　財団法人　法政大学出版局
〒102-0073 東京都千代田区九段北3-2-7
電話03(5214)5540／振替00160-6-95814
製版，印刷　三和印刷／誠製本

Printed in Japan

ISBN978-4-588-00965-5

著者

ジャンニ・ヴァッティモ（Gianni Vattimo）
1936年トリーノ生まれ．トリーノ大学文哲学部でルイージ・パレイゾンに導かれ，ハイデルベルク大学留学中はK. レーヴィットとH. -G. ガダマーの薫陶を受ける．現在は，トリーノ大学理論哲学講座の正教授を務めるほか，『ラ・スタンパ』，『レプッブリカ』，『エスプレッソ』などの新聞・雑誌の論説委員でもある．急進党に始まって，トリーノ同盟，左翼民主党，イタリア共産主義者党と，所属政党をつぎつぎに変えながら，政治活動も積極的に展開している．ヨーロッパ議会議員在任中．

訳者

上村忠男（うえむら・ただお）
1941年兵庫県尼崎市生まれ．東京外国語大学名誉教授．学問論・思想史専攻．著書：『ヴィーコの懐疑』（みすず書房，1988），『バロック人ヴィーコ』（同，1998），『歴史家と母たち──カルロ・ギンズブルグ論』（未來社，1994），『ヘテロトピアの思考』（同，1996），『超越と横断』（同，2002），『無調のアンサンブル』（同，2007），『グラムシ　獄舎の思想』（青土社，2005），『歴史的理性の批判のために』（岩波書店，2002），『韓国の若い友への手紙』（同，2006），『知の棘』（同，2010），『現代イタリアの思想をよむ』（平凡社，2009），『カルロ・レーヴィ『キリストはエボリで止まってしまった』を読む』（同，2010），『ヴィーコ』（中央公論新社，2009）ほか．訳書：ヴィーコ，クローチェ，グラムシ，ギンズブルグ，アガンベン，スピヴァクのものなど多数．

近刊

G. ヴァッティモ／P. A. ロヴァッティ編
上村忠男・山田忠彰・金山準・土肥秀行訳

弱い思考

目次